シリーズ・福祉を知る
1

社会福祉と人権

木原活信
[著]

ミネルヴァ書房

はじめに

　ある野球場でのこと。その日は，観客数が3万人と発表され満員状態であった。場内総勢3万人の大観衆の熱気にあふれかえっていた。この熱気とは裏腹に，ふと「3万人」という数字のことが脳裏に浮かんできて急に戦慄を覚えた。それは日本の年間自殺者数3万人という数字である。ここ2年間，若干の減少で3万人を割り込んだが，3万人前後という数字はここ十数年の日本の年間自殺者数として定着している。球場に詰め掛けたあの満員の大観衆と同数の3万人もの人々が，日本において一年間で自ら命を落としているのである！
　その死には，様々な要因があるが，近年，国も認めるとおり「追い詰められた末の死」という社会要因が明らかにされてきている。つまり，この国にあって失業，貧困，病気，障害，差別，などによって社会から排除され，支えもなく，無縁のなかで生きる希望を失ってしまった尊い命がそこにはあったのである。
　日本は一見すると，経済大国で，大きな戦争や騒乱もなく治安もよいので，あまり不自由もなく「幸福」な社会に見える。しかしながら，自殺者数3万人という数字ばかりでなく，あまり知られていない社会福祉関連のデータにあえて目を向けてみると，生活保護受給者217万人，児童虐待6.7万人，身体障害者366万人，精神障害者323万人（精神病院入院患者30万人），認知症高齢者462万人（その予備軍含めて約800万人），無縁死約3万人などという数字が浮かび上がってくる。これらの数字は何を物語っているのであろうか。それは表面的には「幸福」に思われる社会の裏腹で，これだけ多くの人々が重い荷物を背負わされ，厳しい現実を生きざるを得ない実態である。さらに恐ろしいのは，このような当事者の苦悩とは裏腹に，大半の人が，その苦悩にあまり無知・無関心な態度でいるという現実である。

本書では，表面的な幸福の影で忘れられてしまいそうなこれらの現実を直視していきたい。そのことが「社会の現実」を知るということであり，人々の身近な暮らしのなかのあたりまえに「生きる権利を知る」ということであり，そしてこれこそが「福祉を知る」ということであるからである。

　2014年6月

　　　　　　　　　　　　　　　　　　　　　　　　　　　　　　木原活信

目　次

はじめに

序章　人権とは何だろう？　社会福祉とは何だろう？……1

大切なのにどこか他人事として語られてきた人権…1　社会福祉にかかわることは偉いこと？…2　人権とは何か…4　社会正義とは何か…5　社会福祉，福祉とは何か…5　ソーシャルワークとは何か…7　人権と社会福祉を身近に考えていくために──本書の視点と流れ…8

第Ⅰ部　グローバル・スタンダードな人権と福祉思想

第1章　Noから生まれる「私」の権利……13

私の権利 Say, No！…13　権利は日常のただ中に…15　さわやかに自己主張する方法…17　No！と言えるようになるためのロールプレイ…18　上手に断るロールプレイ…19　内なる声としての権利…21　社会福祉に関する仕事につきたい人へ…22

第2章　人間の尊厳とは何か……25

なぜ人を殺してはならないのか…26　尊厳という発想はどこから生まれたのか…28　なぜ人間だけに尊厳があるのか…29

第3章　社会福祉における人権……33

1　人権の歴史　33

　人権は社会福祉の基本…33　　近代における人権宣言…34　　社会権の誕生…36

2　世界人権宣言における人権と社会福祉　37

　世界人権宣言の概要…37　　世界人権宣言と社会福祉…38　　法的拘束力をもつ国際人権規約…40　　集大成としてのウィーン宣言及び行動計画…41

3　日本国憲法における人権と社会福祉　42

　日本国憲法は誰のものか…42　　日本国憲法における基本的人権…43　　憲法第25条「生存権」…44

第4章　人権×社会福祉の新しい考えかた……47

1　ノーマリゼーション　47

　知的障害の分野から始まる…47　　地域におけるノーマルな生活とは…50

2　バリアフリー，ユニバーサルデザイン　51

　バリアフリーとは…51　　ユニバーサルデザインとは…51

3　ソーシャル・インクルージョン　53

　障害児教育の分野から始まる…53　　ノーマリゼーションの真の姿…53

目　次

第Ⅱ部　現代の社会において人権は守られているのか

第5章　貧困と人権 …………………………………………………… 60

貧困とは何か…60　貧困の原因は何か…61　貧困の世代間連鎖…63　貧困問題に対応する生活保護制度…65　北九州のおにぎり餓死事件…67　生存権が争点となった朝日訴訟…68　生活保護の不正受給問題…70　ワーキングプアに比べて生活保護水準は高いのか…71

第6章　児童と人権 …………………………………………………… 73

20世紀以前の子どもの人権…73　国際的な基準としての児童の権利に関する条約…74　国内において子どもを守る児童福祉法…75　深刻な人権侵害である児童虐待…76　児童虐待への対応…78

第7章　障害と人権 …………………………………………………… 81

障害とは何か…82　国際的な基準としての障害者の権利に関する条約…83　ICFによる障害の定義…84　日本における障害者への支援…86　身体障害者への支援…87　知的障害者への支援…90　精神障害者への支援…90　発達障害者への支援…93

第8章　高齢者と人権 ………………………………………………… 97

日本の超高齢社会の現状…98　日本の高齢化への対策…102　高齢者の人権侵害の実態…103　在宅における高齢者の人権侵害の実態…105　「棄老」伝説にみる人権…107

v

第9章　女性，マイノリティと人権 …………………………… 111

　マイノリティとは何か…111　　マイノリティとしての女性…112
　女子差別撤廃条約…113　　国内において女性を守る母子及び父子並
　びに寡婦福祉法…114　　母子生活支援施設とDV…116　　抑圧構造
　にあるマイノリティ…119

第Ⅲ部　人権を支援するソーシャルワーク

第10章　そのままで存在してよい権利（生存権）
　　　　の保障と支援 ……………………………………………… 125

　存在することの意味…125　　人格がないと人間ではない？…127
　必要とされること…128　　人間は存在そのものである…129　　存在
　を受容する…130　　自己受容できない人は他者も受容できない…130
　他者の受容――存在そのものを受け入れる…133　　存在と場所…134
　存在を認めてくれる場所…135　　援助する側の居場所…136

第11章　みんな違っていてもいい権利の保障と
　　　　多様性への支援 ………………………………………… 139

　名前を呼び合うことから始まる個人の尊重…140　　サラダボウルの
　国カナダ…140

第12章　自分のことは自分で決める権利の保障と支援… 145

　必要と欲求…146　　ソーシャルワーカーは利用者のすべての欲求を
　受け入れるべきか…146　　誰が必要なことを見極めるのか…147
　必要と欲求を区分けする…148　　自己決定の基準…150　　自己決定
　の尊重とソーシャルワーカー…151　　利用者の「必要」に応じて自
　己決定を支援する…153　　自己決定における必要と欲求の関係…154
　利用者の必要を判断することで人権を守るソーシャルワーカー…155

終章　グローバルでありながら「私」に一番近い権利…157

抑圧からの解放…157　"human rights"と人権の違い…158　「福祉世界」の到来へ向けて…159　ますます国際的に，あくまで日本的に…160

資料編
1　戦後の社会福祉と人権にかかわる年表…164
2　世界人権宣言…165
3　日本国憲法（抜粋）…170
4　障害者の権利に関する条約（抜粋）…171
5　児童の権利に関する条約（抜粋）…174
6　女子差別撤廃条約（抜粋）…175
7　社会福祉と人権に関連する文献の紹介…178

参考文献…182
あとがき…191
さくいん…193

序章

人権とは何だろう？　社会福祉とは何だろう？

・・・

大切なのにどこか他人事として語られてきた人権

　英語の human rights（ヒューマン・ライツ）が，日本語の「人権」とはどこかニュアンスが違うのではないか。これは，かつてカナダで生活したことがきっかけとなって，その後多くの欧米人と交流するなかで考え始めた素朴な問題意識である。とはいえ，日本の学校教育でも「人権」の大切さを教えてはいるし，政治も行政も「人権」の重要性を様々な機会を通じて伝えていることは間違いない。けれど，日本語の「人権」といった場合の市民感覚としてのその受け止め方は，欧米のヒューマン・ライツのそれとはやはりどこか違うのではないか，こんな疑問がどうしても頭から離れなかった。

　子どもの頃の記憶である。学校で「人権」の話となると，生徒は下を向いてただ黙る。それには誰も何も口出しできない。子ども心にそんな重い空気が漂っていたことを覚えている。その頃道徳の時間で，「人権」がよく取り上げられていた。教室で先生が熱心に「人権」を朗々と語り，生徒はただ聞いていた。そしてたまに自分に感想を求められると，用意されたありきたりの言葉で「人権」の大切さについて「模範解答」をしてきたように思う。しかし内心どこか他人事のような意識があった。毎回ただそれで終わる。恥ずかしながらその繰り返しだった。だからその時間は苦痛であった。なぜなのか。きっと，何か閉ざされた重苦しい空気のなかで，素朴な疑問も口に出せず，先生のお気に入りの「模範解答」に応じて褒められたとしても，それが自分の言葉ではなく，自分に正直でなかったからなのであろう。

　「人権」とは，正直に感じていることを本音で語れないもの，教室で語られ

I

た「人権」にはそんな苦い思い出がつきまとうのは筆者だけだろうか。今はどうなのか，近頃の若者や子どもたちの話を聞いてみても，実は当時とさほど変わらないのではないかと感じた。教室でも，職場でも，どこでも語られる人権は大切な話なのに，どこか他人事のように聞こえ，そしてそれはどうも閉じられた知識の「何か」でしかないようになっている。そんなところが日本語の「人権」という言葉にはそのような響きがあるのではないか，そんな思いがしてならない。

　それでは，カナダで筆者が体験したhuman rightsと内容が決定的に違うのかというと，必ずしもそうではない。しかし異なる点は，カナダのそれは，それほど道徳的響きはなく，もっと身近で，自分の生き方そのものに直結し，また自分の損得にかかわる事柄であり，常に開かれていて，生活感と躍動感があり，日常茶飯事にどこにでも転がっている「何か」というニュアンスがある。この違いは，国民性にもあるのであろうが，カナダ人にとって人権とは，遠くにある「あれ」ではなくて，自分のなかにある「それ」という感覚なのである。多様な民族が生き，多様な宗教，多様な文化，多様な言語というそのなかで約束事として人権尊重という共通意識がある。

　これは学術的な説明ではない主観的世界であり，論理の世界ではなかなか説明できないものなのであるが，そんな漠然とした問題意識をもって社会福祉を研究してきた人間が，今回，無謀にもこのhuman rightsを意識しつつ，あえて，日本の「人権」について正面から語りたいと思ったのである。それは，自戒を込めて，人権についてもっと自分の問題であり，身近な躍動感のある問題として意識したいという思いにかられたからである。

社会福祉にかかわることは偉いこと？

　一方で，日本語の「社会福祉」という言葉も注意を要する。人権と同様に，なにか，そこには恩着せがましい響きがあるような気がする。学生の頃から一般の人に何を専門にしているのか問われて，「社会福祉」というと，「偉いね」という返事がよく返ってきたものだ。学問領域に対する返事としては，「偉い」

というのは意味不明であり，なぜそのような言葉が返ってくるのかと疑問に思っていた。この場合，恐らく「慈善・博愛」と同義ととらえられているのであろう。

今ではこのやりとりにもうすっかり慣れて反論する力さえ萎えてしまったが，欧米やカナダで，一般の人から同じ質問に応答しても，少なくとも「偉いね」というような道徳的ニュアンスの返答は聞いたことがない。北米では通常，日本の社会福祉学科や社会福祉学部は，School of Social Work（ただしそれは大学院レベルであるが）と呼ばれ，社会福祉専門職を養成することでそれは割とポピュラーな学問の一つとなっている。と同時に，権利意識が明確な社会にあって，それを支援するしくみとしての社会福祉は，ヒューマン・ライツと一体となって，ごく日常生活に溶け込んだものとなり，何も特殊な領域ではないのである。

そのようなわけで本書では，社会福祉と人権を論じるにあたって，何か恩着せがましい道徳的意識の強い，古めかしい伝統的な響きではなく，また先の学校教育の苦い思い出を教訓にして，そのような視点を極力避けて，もっと自由に身近な開かれた闊達な議論をしていきたい。

実は，この社会福祉におけるヒューマン・ライツという視点は，国際的研究動向では，道徳的，伝統的というより，むしろ新しい社会福祉理論の動向の一つであり，世界的な趨勢となっている。社会福祉研究者として注目されているジム・アイフ（Jim Ife）が述べるとおり，社会福祉論における「ヒューマン・ライツの概念は，現代の言説のなかでもっとも有力なアイデアの一つである」[1]と指摘するとおりである。国際ソーシャルワーカー連盟が「人権（human rights）と社会正義（social justice）の原理は，ソーシャルワークの拠り所とする基盤である」（定訳）と述べるとおり，まさにヒューマン・ライツとしての人権は，今日の社会福祉の拠り所となっているのである。

したがって，大胆に言うことが許されるならば，人権問題を解決する上で，社会正義の実現が前提であり，そのためには，人間の平等，公平，生活を根底から支える社会福祉とその専門援助の体系であるソーシャルワークは，不可欠

な要素であり，もっと言うならばその根幹を担っているといっても過言ではない。

本書では，社会福祉と人権という根源的テーマについて「ハードな」制度論としての人権論ではなく，できるだけ身近な課題，つまり他者との関係性（援助論）としての「ソフトな」社会福祉の人権論を中心に取り上げていきたい。

以降，本論に入る前に，本書全体の見取り図と視点，本書のキーワードになる用語を幾つか取り上げてあらかじめ整理しておきたい。そのため少し混み入った，聞きなれない学術的表現が出てくるかもしれないが，本論を理解するために少々がまんして読んでもらいたい。

人権とは何か

人権（human rights）あるいは基本的人権とは何か。本書のなかで繰り返し述べていくことになるが，それは人間が生まれながらにもっているその人の存在自体に与えられた権利のことである。明治時代以来これを「天賦」の権利という表現を使って説明されることもある。したがって，この権利は，何人も，いかなる組織であっても，あるいはたとえ国家であってもそれを侵害したり，奪うことのできないものである。日本国憲法第11条において，「国民は，すべての基本的人権の享有を妨げられない。この憲法が国民に保障する基本的人権は，侵すことのできない永久の権利として，現在及び将来の国民に与へられる」ものと保障しているとおりである。また，同第97条においても，その内容を繰り返すように，「この憲法が日本国民に保障する基本的人権は，人類の多年にわたる自由獲得の努力の成果であつて，これらの権利は，過去幾多の試錬に堪へ，現在及び将来の国民に対し，侵すことのできない永久の権利として信託されたものである」としている。つまり，（基本的）人権というものは，政治体制や社会状況によって変更するようなものではなく，それは不可侵であり，永久性が保障されるものであると約束されている。

後述するが，基本的人権には，その性質から，自由権，平等権，社会権，の三つの権利からなると言われているが，とりわけ社会福祉との関係では社会権

が重要となる。この人権が侵されている状態を本書では，抑圧されている状態であると定義している。

社会正義とは何か

ドイツ語では，権利と正義（正しさ）はともに recht となっていることからもわかるように，ある場合は，権利と正義とは類似語あるいはほぼ同義語の関係で理解することもできる。英語の right も意味を辞典でみると「右」のほかに「権利」「正しさ」となっている。そうなると，厳密に言うと，「人」権は，主体的，主観的な欲求として個々人の「私の権利」として表明されるのに対して，「社会」正義とは，客観的に規定される社会的に承認された正しさの基準，正当性と理解される。つまり，人権と社会正義（social justice）の双方があいまって，個人の権利が社会的に承認された「正しさ」となる。その意味において「人権と社会正義」は，社会福祉のゆるがない根拠となるというのが本書のなかで共通する考えとなっている。

社会福祉，福祉とは何か

「社会福祉」（social welfare, social services, well-being）について，あらかじめ以下のように整理しておきたい。現在，厳密な定義は別として，社会福祉という用語は，一般に三つのレベルで語られている。

① 人類の福祉などというかなり抽象的な意味合いで，それは一般的な「幸福」とほぼ同義語である。これは主に目的概念として使用される。

② 英国などの例を参照にして，「ソーシャル・サービス」，あるいは「社会保障」とほぼ同義語として使われる場合がある。これは年金，社会保険，所得保障，対人サービスを包括する概念である。

③ 狭義には，社会保障の一分野であり，具体的には日本では社会福祉六法などのように対象を限定した福祉のサービスである。通常，精神障害者の福祉等もこれに含める（図序-1）。

ところで，社会福祉の英訳は，一般に social welfare であるが，北米で（so-

図序-1 社会福祉の位置づけ

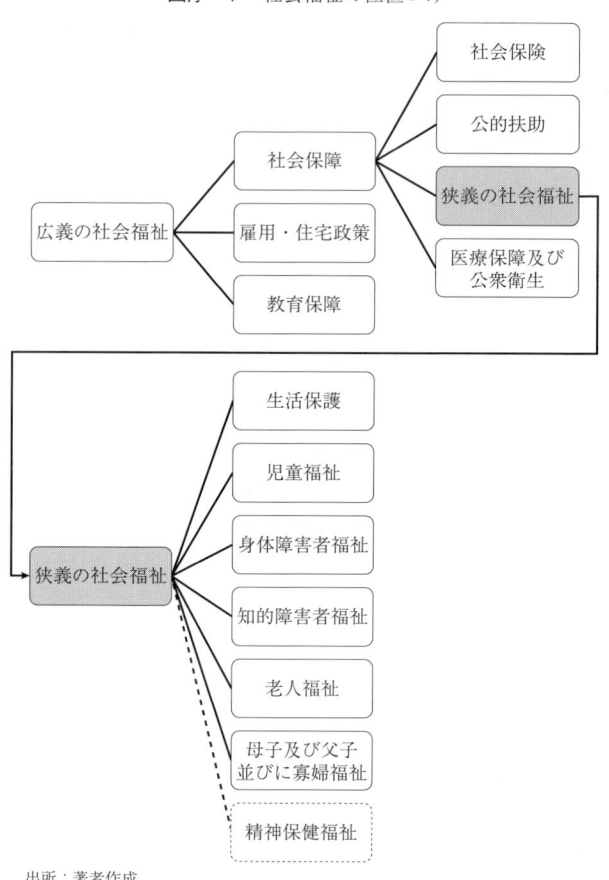

出所：著者作成.

cial）welfare という場合，生活保護などの貧困サービスに限定される場合が多いので注意を要する。英国では，最近では social services というのが一般的であるが，これは先に示した②であり，住宅や教育までも含むかなり広義なものとなる。つまり，社会福祉といっても国によってもその位置づけが一定でない。本書においては，社会福祉を②③の意味に使い，その違いについては，文脈で類推できるようにしている。

さらに少し学術的に補足すると，社会福祉とは，基本的に「社会」と「福

祉」という二つの合成語からなる。その場合「社会」は，歴史的な，その時代の制約を受けながら常に変化，変遷するものであり，「福祉」は，普遍的な超歴史的な価値であるという二重の性質をもっている。したがって，「社会」福祉という場合の「社会」とは，現在の時代状況では，国家を中心とした公的責任においてすべての国民を対象にした福祉国家を前提にした社会的サービスであるということができる。

　このしくみは世界的には主に第二次世界大戦後に，ベヴァリッジ（William Henry Beveridge）の創案した「社会保険と関連サービス」（「ベヴァリッジ報告」として知られる）により誕生し，「ゆりかごから墓場まで」の福祉国家が実現し，欧州各国がこれに続き，敗戦国日本でもGHQ体制のなかで戦後復興の重要な政策として徐々に確立していったものである。これが今，国家財政面で揺れているが，この点は後述する。

　また社会「福祉」という場合の「福祉」とは，人間にとっての幸福（Well-being），あるいはその追求という目的概念を指している（5頁の①参照）。この二つの概念が一つに合成されたところに「社会福祉」の特徴があるといえる。[(2)]

　ソーシャルワークとは何か

　上記の社会福祉を実践し，具体的に支援するのがソーシャルワークである。ソーシャルワークの厳密な定義は，国際ソーシャルワーカー連盟（IFSW）の定義（2014年）をそのまま本書で採用しておきたい。

　「ソーシャルワークは，社会変革と社会開発，社会的結束，および人々のエンパワメントと解放を促進する，実践に基づいた専門職であり学問である。社会正義，人権，集団的責任，および多様性尊重の諸原理は，ソーシャルワークの中核をなす。ソーシャルワークの理論，社会科学，人文学，および地域・民族固有の知を基盤として，ソーシャルワークは，生活課題に取り組みウェルビーイングを高めるよう，人々やさまざまな構造に働きかける。この定義は，各国および世界の各地域で展開してもよい。」[(3)]（社会福祉専門職団体協議会国際委員会＋日本福祉教育学校連盟による日本語定訳）。

図序 - 2　福祉関連の専門職の主な資格

社会福祉全般	→社会福祉士
精神保健福祉	→精神保健福祉士
介護，施設全般	→介護支援専門員（ケアマネージャー）
関連領域	
介護領域	→介護福祉士
児童領域	→保育士

　上記を実現する社会福祉の専門職がソーシャルワーカーである。ただし，ソーシャルワーカーといっても，欧米諸国と異なり，日本では一般市民にはそれほど馴染みがない。病院，社会福祉協議会，民間の福祉機関，施設，役場，公的機関などで働いている社会福祉の専門職である。日本では，ソーシャルワーカーの国家資格として，社会福祉士，精神保健福祉士，がある。また介護，保育などの直接的ケアを担う専門職として，介護福祉士や保育士などがあり，これらも共同しつつ社会福祉の実践を行っている（図序 - 2）。

人権と社会福祉を身近に考えていくために――本書の視点と流れ
　本書の主題は，社会福祉と人権であるが，本書全体を貫く視点として強調したいのが，抑圧とそれからの解放という視点である。人間の尊厳や自己決定の尊重などという理念の実行のためには，まずは抑圧されている人がこの抑圧された状態から解放されるということが前提となっているべきである。
　ここでいう抑圧とは，ある人や集団，社会がなにものかによって意図的かどうかは別として，人権を奪われて，無理に抑えつけられて圧力がかかって困窮している状態のことである。たとえば，対人関係でいえば強者が弱者を無理やり抑えつけ，子どもたちの教室のなかであれば，それは「いじめ」というような形で露骨に表面化する。社会福祉の領域では，偏見と差別によって，当事者の人権を侵し，社会構造自体がそれを温存するようになっていることである。
　結果的に圧力をかけられた人々は，生きづらい（息苦しい）状況を強いられることとなる。後述する児童，障害，高齢者など様々な人権の抑圧状況があるが，共通しているのは人権が侵されているという点である。その意味で人権の

抑圧状況ということもできる。この抑圧状況を解決することをここでは解放(4)と呼ぶ。つまり，この抑圧からの解放ということによって，人権を獲得していくこととなる。

　本書は3部構成からなる。第Ⅰ部では，まず身近な人権からはじめ，そして人間になぜ尊厳があるのかについて考えた上で，世界的な視座にたって国際的な人権条約等，あるいは日本国憲法の人権などの中身と意義を確認する。

　第Ⅱ部では，他者を尊重するという社会福祉の実践的な課題を貧困，児童，障害，高齢，マイノリティなどの実際の具体的な福祉実践を例にとりながら，それぞれの基本的課題をおさえ，人権がどのように侵害されて抑圧状況をつくりあげているのかについての具体的な問題を取り上げ，その現代的な対策について議論したい。

　第Ⅲ部では，どのようにすればこのような抑圧状況から解放し，他者の人権を尊重することができるのか，社会福祉援助としてのソーシャルワークの課題として，具体的に援助の方法を模索していく。

　このような流れで，以下，社会福祉と人権について国際的な視座を持ちながらも，できるだけ身近なものとして考察していくこととする。

注
(1) Ife, Jim (2001) *Human Rights and Social Work : Towards rights-based practice,* Cambridge University Press, 1.
(2) 木原活信 (2003)『対人援助の福祉エートス——ソーシャルワークの原理とスピリチュアリティ』ミネルヴァ書房；吉田久一 (1989)『日本社会福祉思想史』川島書店.
(3) International Federation of Social Workers (2000)。IFSW のソーシャルワークの定義は，社会福祉専門職団体協議会国際委員会＋日本福祉教育学校連盟訳を本書では採用している。以下本書では，関連文章はすべてこの定訳による。「定訳」と略記。なお原文は以下の通りである。

　　Social work is a practice-based profession and an academic discipline that promotes social change and development, social cohesion, and the empowerment and liberation of people. Principles of social justice, human rights, collective responsibility and respect for diversities are central to social work. Underpinned by theories of social work, social sciences, humanities and indigenous knowledge, social work engages people and structures to address life challenges and enhance wellbeing.

The above definition may be amplified at national and/or regional levels.

(4) 解放に関して，アレント（Hannah Arendt）は，freedom と liberation を区別し，前者がより積極的な自由，後者が消極的な自由という区分けをしている[5]。この場合，liberation とは，不自由な抑圧された束縛される環境（たとえば，奴隷とか，人質，あるいは，女性差別など）からの解き放たれること，あるいは脱出という意味合いがこめられている。ただ，抑圧状態の劣悪さが深刻かつ切羽詰まっているゆえに，まずはその状態から緊急的に脱出をすることが前面に出てくる。それゆえに，自由の享受の主観的な意味づけという観点からは，アレントが指摘するように消極的自由ということになるが，劣悪環境からの脱出への緊急性は，むしろより緊急を要する状況にあり，逼迫しているといえる。本書では，必ずしも両者を明確に区分けしているわけではないが，社会福祉の差別問題に応用して考えると，抑圧された劣悪環境から逼迫した緊急の状態であり，英語表記における liberation というニュアンスのほうが，社会福祉における解放のイメージを正確に伝えているのであろう。

(5) Arendt, Hannah（1958）*The Human Condition.*（＝1994，志水速雄訳『人間の条件』筑摩書房.）

第Ⅰ部

グローバル・スタンダードな人権と福祉思想

第Ⅰ部　グローバル・スタンダードな人権と福祉思想

　日本における社会福祉を考えるにあたって，基本となるものでありながらすでに理解ずみとされ，必ずしもその内容を十分に考察されてこなかったのが，世界人権宣言，国際人権規約をはじめ，日本も批准している障害者の権利に関する条約，児童の権利に関する条約，女子差別撤廃条約などの国際的な人権にかかわる諸条約である。

　政治経済の分野において、現在グローバル化は，イコール，アメリカのスタンダード化（アメリカ化）されてしまっていることが批判される。しかし，こと人権に関してみた場合，グローバル化の流れとしての国際的な人権に関する取り決めは，むしろ一国家の市民に対する人権無視の抑圧状況や横暴を抑制したりあるいは暴露したり，それぞれの国の人権侵害に対して第三者的な国際社会の視点から是正してそれを規制しようという意味で，革新的な視点を有効的に提示している。

　福祉国家という場合の「国家」は善なるものという前提にたってきたが，歴史的にみてそのことは必ずしも正しくない。国家自体の人権に対する抑圧ということも想定しなければならない。また財源問題からも福祉国家の曲がり角と言われる昨今，国家責任の回避ということが議論されて久しいが，このような国家自体の人権状況を監視する，あるいは国際法的に規定する国際的な人権条約の役割（国家監視の視点）は21世紀において注目に値する。それは20世紀の福祉国家に替わる21世紀の世界福祉ともいえるような新しい視点である。

　これまでは，日本において社会福祉の人権は，国内法の範囲のなかだけで考えることが通例であったが，本書では，常にこの点を意識して，社会福祉における human rights としての人権をグローバルな視点から再構築していきたい。

　この部では，まず，もっとも身近な権利としての「私」の権利から議論をはじめ，人間になぜ尊厳があるのか，そしてその後，世界の権利の条約等を中心に説明していきたい。

第 **1** 章

No から生まれる「私」の権利

・・・

　ここでは，社会福祉の権利について抽象的に考える以前に，自らの問題として，ごく身近なところからそれを具体的に考えていきたい。なぜなら日本では，社会福祉や人権について，冒頭の問題意識でも述べたが，多くの人がこれまで学校教育を含め抽象的なものとして，あるいは他者の話（他人事）として説明をされてきた傾向にあるからである。ポイントは，社会福祉と人権について，他人事ではなく自分自身の問題として考えたい，ということである。そして抑圧ということについて身近なところから理解していきたい。

　　私の権利　Say, No !
　今から10年ぐらい前，家族でカナダの大都市トロントで生活したときのことである。日本と同じように小学校の子どもの授業参観のようなものがあって，親の立場でクラスに参加したのであるが，そのなかで印象に残ったことがあった。子どもが通うクラスには，日本と同じように，その年の標語やスローガンのようなものが教室の前に貼ってあった。文言そのままを正確に覚えていないが，そこには，「自分がいやなことにははっきりと断ろう（… Say, No !…）」というような意味合いの標語が書いてあった。
　日本では，「みんな協力してがんばろう！」とか「元気な声で明るい挨拶」などというような抽象的であるが，理想的でポジティヴな表現が多かったので，このカナダの小学校の "… Say, No …!" の表現に目がとまった。学校現場では，あまり見慣れない表現でもあったので，その意図にも興味もあり，不思議に思って担任の先生に尋ねてみた。その説明によると，カナダの小学校では，人権

は，国の根幹にかかわることであり，それは教育により，幼い時期から培われていくべきものであるということ，また子どもたち自身が自らの権利を理解し，それを常に自覚させるために，学校で工夫しながら具体的に指導することなどが説明された。そして，このクラスでは，小学校の低学年から，いやなことを友だちから言われたら自分の意思を明示して，はっきりと断る訓練を，ロールプレイ交じりで行っているのだと教えてくれた。この学校のスローガンは，"respect yourself" という全体目標の一貫であり，その一連のなかで，今は No という意思表示を教えているということであった。

なるほどと思わされた。なぜなら，人というものは，通常，Yes というときにではなく，No というときに，自らの主張，欲求を一層強く意識するものである。社会性を未だ学んでいない乳児が，大声で泣くのは，ミルクの欲求が満たされないなど何らかの不快感であり，それらの自分にとっての不満足な状況に，周囲への配慮とは無関係に，No のサインとして懸命に泣く（自己主張する）のである。つまり，No ということは（Yes ではなく）もっともプリミティヴ（原初的）な自己主張なのである。

ところが，日本人はどうであろうか。No と言えない国民と言われて久しいが，それは奥ゆかしい，礼儀正しい等という性質としても評価されることもある。しかし裏を返すと，自らの自己主張を正当化することが下手であるばかりか，自らの権利について主張できない，あるいはその自覚が乏しいということを意味している。そしてそれは同時に，権利意識に欠けているということにもつながらないだろうか。むろん，自己主張しない背景には，そんなことは十分に承知した上で，あえて自分ではなく相手に配慮をしての「大人の行動」であるという意見もあろうが，冷静に分析してみるなら必ずしもそうではない。自分の権利意識に自覚的でない人は，当然ながら他人の権利についても無頓着となる可能性がある。

ここでは，あらためて自分自身の問題として，しかも，極めて身近な問題として権利ということについて考えてもらいたい。

第1章　Noから生まれる「私」の権利

権利は日常のただ中に

　ここで少し次のような場面を想像してみよう。たとえば，人気のレストランで，順番待ちで並んでいたとしよう。そこへ，後ろで並んでいたある中年の女性がいきなり，あなたの前に割り込んできたというような場面を。このような時，あなたならどう行動するであろうか。

　かつて，あるクラスで，こんな状況を想像させた上で，日本人の学生とアジアからの留学生のそれぞれの学生数名にその時の対応を聞いてみると，多くの日本人の学生は，当人としては不愉快だが，その場の雰囲気が気まずくなることや，ややこしく面倒な状況になりそうなのでその場はがまんしてただ黙っているというのが圧倒的に多かった。逆に韓国，中国などの留学生は，自分が先に並んでいたのだから，そのことをハッキリと相手に向かって言うという人が多かった。みなさんはどうであったろうか。むろん，どちらが正しい行動をしたかというようなことなどはない。実はこのような場面は日常茶飯事にどこにでもある光景であるが，案外，こういう場面に，「権利」ということを身近に考えるヒントがたくさんあるように思える。

　以下では，主に若者たちの日常生活をイメージして，その光景を創作した話である。あなたならこの場面でどう応答するのか，ここでは，それほど熟考せずに，瞬時に自分の反応を想定して素直に書きとめてもらいたい。

実際にやってみよう　ワーク１

　あなたは，カンパネルラさん，デクノボー君，ゴーシュ君の若者と一緒に海辺をドライブ中です。あなたは，大変お腹がすいていて，中華料理か，何かこってりしたラーメンでも食べたいと思っています。友だちの一人のデクノボー君がある喫茶店にさしかかったとき言いました。「あそこのハーブティーは，少し高いけど，香りがよくて，店の雰囲気もいいし，行ってみない？」。ゴーシュ君も「それは，いいね。一度行ってみたかったんだ」と大賛成。カンパネルラさんも「うん。素敵そうだわね。そう考えただけでおいしい紅茶の香りがしてきたわ」と喜んで同意しました。さてあなたは，何と言いますか？

様々な会話が想定されるが、たとえば、①「今、なんでハーブティーなの？私お腹ペコペコで、とてもそんな気になんかなれないんだけど。だいたい何をみんな上品ぶってんのよ！ラーメン屋に行こうよ。ラーメン屋でしょう、今は！」と少し不機嫌に正面から反対するという答え方もあるであろう。

あるいは、②「そうだね。わかった。はい。そうしよう……なんかいい感じだし」と言って、とにかく黙ってついていくという場合もある。

一方で、③「あそうか。みんなお茶の気分なんだね。私お腹すいたから、そんなこと全然思いつかなかった。けど、みんながそうなら私も付き合う。その店にピラフとかあればいいな……」と自分に正直な気持ちは表明しつつも、結果的には状況を察して皆に合わせるという答え方もあるであろう。

これに似たような場面は、誰しもどこかで経験したことのある状況ではないだろうか。特に若者にはつきものの断るのが微妙な人間模様の会話である。皆さんはこの場面ではそれぞれ何と応答したであろうか。またそう応答した理由はどんなものであったろうか。友人の相手の立場を尊重するということであれば、結局、断れなくて、自らの「ラーメンを食べたい」という強い欲求や意思は横に置いておいて、相手に合わせたという人も少なくないであろう。逆に、自分の主張を通して、皆を説得してラーメン屋へ連れていこうとした人もいたかもしれない。どれが模範解答ということはないが、あなたの気持ちとコミュニケーションのパターンについて、ここで冷静に確認をしてもらいたい。たとえば、自分の主張をしなかった人は、なぜ主張をしなかったのかについて。その逆も。

そのときの対応は、状況によるという人は多いが、確かにそのとおりであるが、実はこれもよく吟味してみると、もちろん、状況と文脈によってコミュニケーションには多少の変化があるのは当然であるが、それよりも、だいたい同じようなコミュニケーションのパターンをとっていることが多いのである。

第1章　Noから生まれる「私」の権利

さわやかに自己主張する方法

　日本にこのようなアサーション（assertion）のコミュニケーションの理論を紹介した先駆者である，心理学者の平木典子(1)によれば，人間は大きく分けて三つのパターンのコミュニケーションをとっているとされる。むろん，一人の人が三つを使い分けていることもあるし，状況と関係性によって使い分けている人もいるであろう。しかしよく吟味してみると，たとえば，家庭や特別に親しい友人以外の場合では，だいたい三つのパターンのうち，どれか一つに傾く傾向にあるようである。

　以下，平木の指摘にしたがって分類すると，一つ目は，アグレッシブ・コミュニケーションである。上記のやりとりで言えば①のパターンに近い。これは，攻撃的に相手をののしったりして自分の主張を何がなんでも通すことである。「自分のことだけ考えて，他者を踏みにじるやり方(2)」である。これも自己主張のコミュニケーションといえばそうであるが，しかし方法がその状況に対して不適切で，相手を不快にさせてしまって，場合によっては攻撃した相手に恨まれたりして結果的にうまく対処できていないことになる。現代用語で「キレる」などというが，まさに，それはこのパターンである。

　二つ目は，ノン・アサーティヴ・コミュニケーションである。これは，自らの主張や欲求をとにかく押し殺して，相手の要求を飲み，自分は我慢するようなパターンである。上記のやりとりでいえば②のパターンに近い。これはアグレシップな場合の反対で，とにかく相手の言うとおりにしてNoと言わない，コミュニケーション方法である。Win-Winなコミュニケーションのような対等な関係ではなく，自分は常に自己犠牲となっている。

　三つ目は，アサーティヴ・コミュニケーションであるが，それは自己主張というよりさわやかな自己表現というほうがいい。確かに「自分のことをまず，考えるが，他者をも配慮するやり方(3)」である。これは自分の気持ちに対して素直であり，相手に対しても不快にさせずに，上手に断るなどというパターンのことである。互いがWin-Winな関係を保てているということもできる。上記のやりとりでいえば③のパターンに近い。

17

第Ⅰ部　グローバル・スタンダードな人権と福祉思想

表1-1　アサーティヴなコミュニケーション

	攻撃的	ノン・アサーティヴ	アサーティヴ
行動特性	自分に正直であるが，状況に不適切	自分に不正直	自分に正直であり，状況に適切
感情	自分：罪悪感（後で） 相手：軽蔑，復讐	自分：不満 相手：快	自分：自己尊重 相手：尊敬

出所：平木典子（2007）『自分の気持ちをきちんと伝える技術』PHP研究所, 37.

　平木はもとより人間を単純にパターン化したり，あるいは単に流行りのコミュニケーションのハウツーを紹介したのではない。重要な意義を認めるのは，誰も普遍的にもっている，基本的人権としての「アサーション権」，つまり，権利としての自己主張を明らかにしていた上で，コミュニケーションをパターン化したところであろう(4)（表1-1）。この点は，本書の権利の問題と密接につながってくる。

　No！と言えるようになるためのロールプレイ

　カナダやフィンランドでは，自殺予防やいじめ防止等も含めて，子どもの頃からNoということを意識的に訓練している。先のカナダの小学校のように人権教育の一貫としてもNoと言う訓練をしていくのであるが，これもその一環である。これらを通して，自分自身の主張，そして自分の権利を意識することを大切にし，他者への配慮も学んでいくのである。方法としては，座学というよりはロールプレイなどの実際の実地訓練によって体得させている。私の受けたかつての学校教育での座学中心の一方的な道徳教育とは対照的である。

　ここでは，それにならって，少しNoと言う訓練の実際のワークをしてみよう。

（実際にやってみよう　ワーク2）

　①　ペアを組み，どちらか一方が，要求する側（役割A），もう一方が断る

側（役割B），そしてもう一人いれば観察者（役割C）となる。
　②　Aは，何でも思いつく要求をBに対してする。Bはひたすらそれを断る。Cは二人の間に起こっていることを客観的に観察する。

　その際，Aは，あまりにも非現実的な断りやすい要求をするのはできるだけ避けるべきである。たとえば「１億円貸して欲しい」などというのは，要求としてはありえるが，非現実的で，Bにとっては，逆に実は心理的に断りやすい。「持っていない」と言えば，それで事足りるからである。ところが「そこにある水筒のお茶を飲ませて欲しい」などというのはどうであろうか。これは極めて現実的であり，断る側も心理的に非常に断りにくい。ここではあくまで断る訓練をしているので，場面設定はできるだけ現実的なものがふさわしい。
　だいたい，ロールプレイに要する時間は２，３分（長くても５分）でいいが，Cが時間を管理して，二人がどれくらいの時間を感じられたのかを確認するとよい。大概，断るのにエネルギーを要する場合は，数倍以上に感じられるものである。これはその時間がどれほど大変だったかを物語るものにもなる。
　ワンセッション終えると，Cを中心に三人で振り返りをして，役割を順次交替していき，３回やればみな，それぞれがすべての役割をすることができることになる。

上手に断るロールプレイ
　さて，これらのことがある程度，頭に入ったところで，今度は，さらに上手に断ることについて訓練してみよう。以下を読んで，あなた自身の返答を考えてほしい。

（実際にやってみよう　ワーク３）
　　あなたは，デクノボー君，ゴーシュ君，カンパネルラさんと，喫茶店で明日の試験勉強をしています。あなた自身は，自分一人で明日の試験に備えて，少

し整理したいこともあり，少し疲れ気味なので，できれば早く帰宅したいと思っています。デクノボー君は「このノートがあるから本当に助かるよ」，とあなたのノートをたよりにしています。ゴーシュ君も「俺も，これがなければ，もう留年間違いなしだ。本当に助かるね，今日は，俺のおごりだ。何でも注文してくれよ」と言ってメニュー表を差し出しました。カンパネルラさんは「こうやって4人で勉強できるって本当に楽しいよね。ジョバンニったらいつも独りでコソコソやっていやな性格と思わない。一人でやっていると暗くなるし，友だちっていいよね」と言って，あなたに同意を求めました。

これに対して，あなたは何と言いますか。

日常生活における断り方の模範解答はないようにここでも明確な正しい一つの答えがあるわけではない。つまりマニュアル的な最善の断り方の方法などないと言ってもいい。もしあるとすると，それは自分に正直であること，これである。

営業の達人という人から聞いた話であるが，意外にも，営業しようとしているお客さんが正直に発した言葉には，プロの営業マンもお手上げになってしまうというのである。つまり正直な言葉には，それ以上，営業マンとしても踏み込みにくいものがあるというのである。ところが，逆にその人が「今は忙しくて時間がない」「購入するお金の余裕がない」などの言い訳や曖昧な表現には突っ込みどころがたくさんあって，これはどんどん営業マンのペースにもっていきやすいというのである。しかし，相手に自分の気持ちを自分の言葉で正直に伝えられると，それ以上，なぜか踏み込めないというのである。

では，たとえばあなたが，「ごめんね。私今日は，ちょっと疲れていて，みんなと一緒に勉強したくない気分なんだ。今日はみんなのリクエストに答えられなくてごめんね。それにジョバンニは，自分のペースで独学できて，そういう人って素敵だし私は尊敬できると思うよ」と，きっぱり言ったとしたら，周囲の反応はどうであろうか。あなたの主張もよくわかり，周囲が仮に更なる別の要求，あるいは交渉をしてきたとしても，それはあくまであなたの気持ちをわかった上での交渉であり，もはや交渉の意味合いが最初のものと異なったも

のになるはずである。これを言わないで様々な言い訳をしていると，かえって相手もあなたが何を考えているのかわからないし，あなたも後で結果的に不愉快な思いをすることになる。

　つまり，上手に断る秘訣はないが，自分に正直になるということは重要な点である。

内なる声としての権利

　ここまでワーク1～3を通して，まずは断ることの大変さに気づいたのではないだろうか。確かに人間関係において断るというのはエネルギーが要るものである。だから多少のことではがまんして要求を飲むことになるのである。

　一方で，断らない場合それが日々積み重なっていくとどうなるのかについても知ってもらいたい。そもそも，断ることはあなたにとって，誰からも束縛されない権利であり，自由であるはずである。ここでワーク1～3を通して一番学んでほしかったのは，断り方の上手な方法ではなく，あなた自身の身近な権利についてなのである。このアサーションは，「誰もがもっている権利と認めるところから出発する」[5]という認識が重要なのである。

　そもそも，なぜ，Noと言えないのか。そこには誰しも他者に好かれたい，嫌われたくないという感情があるからである。それが悪いわけではない。しかし，一方で，自分のコミュニケーションのパターンを知ると，多くの場合，本来自分が願っていることを，自らの内なる声を押し殺して（抑圧），いつも周囲に合わせている自分に気づくことはないだろうか。その心に願っていることとは一体何であろうか。その内なる欲求とは，実は我々がここで議論をしようとしている「権利」ということに直結するのである。

　権利を考える際，遠くの誰かの話ではなく，身近なあなたの内なる声であるという感覚は大切である。なぜなら身近な，自分にかかわる話として権利を考えることは，権利が人ごとではなく，自分自身の根幹をなす欲求と課題に直結し，それがさらに他者の権利，そして市民としての，人間としての権利へとつながっていくからである。

職場で頼まれた仕事を断れなくて，それが連日となり，いわゆるサービス残業などとなり常習化し，それがもとでうつ病になったり，過労自殺したケースなどが多数報告されている。これは，まさにその人のもっている人間（労働者）としての権利を会社という組織によって，蹂躙されたわけであるし，権利というのは日常の些細な場面に潜んでいるのだということは知るべきである。

ところで，一つ付言すると，あえて断らない，つまり自己主張をしない，という場合もある。たとえばワーク2のような場合では，自分の疲れた体調と相手の切羽詰まった状況の双方を考慮した上で，後者のことをあえて優先させたというような場合である。この場合，本当は断りたかったけれど，結局，断れなくてノン・アサーティヴになったのではなくて，自己主張できる権利をもっていることを確認した上で，その権利をその場面においては，友情ゆえにあえて積極的に放棄するという自由な発想である。

これは，いやいやながら，断れないからつい引き受けてしまうというようなものと明らかに異なっている。自分に対しても状況に対しても適切に行動したということになるからである。

社会福祉に関する仕事につきたい人へ

社会福祉の仕事をしようとする人には，前記の職場における労働者の権利について特にしっかり自覚してほしい。なぜなら社会福祉の仕事は，常に人間関係にかかわり，感情労働などという言葉があるように，サービス精神や奉仕の精神によって自分の意思とは異なることも受け入れ過ぎて，それが度重なり負担となって，「燃え尽き」たり，突然辞職願を突き付けて職場を去るということがしばしば報告されているからである。つまり，自分の内なる声に耳を傾けて，それを当然の権利として，さわやかに，嫌なことは嫌だとはっきり，上手に断る，このことは大切であり，自分の権利を考える上でも重要である。

そして社会福祉の援助者として大切なこととして注意してほしいことがある。それは，福祉の利用者自体が，「お世話になっているのだから」「人様には迷惑をかけられない」という援助者への配慮や遠慮意識から，自分の正直な気持ち

を抑圧して素直に表現することができない,つまり自己主張をできないことが多く見られるということである。これは特に日本の利用者に多くみられる。

　第Ⅱ部で後述するが,周囲への配慮を過剰にし過ぎる高齢者には特にその傾向があり,また障害者の場合も同様である。援助する側は,援助される相手が,その瞬間瞬間に自分の気持ちを素直に表現できているのか,いないのかどうかをよく見極める必要がある。そしてもし利用者が遠慮のためか,自分の気持ちを素直に表現ができていないならば,援助者として自由に自己主張ができる環境・状況をうまく作り出していくという責任がある。

　いずれにせよ,それにはこれまで述べてきたような援助者自身が自らのコミュニケーションのパターンを自覚的に理解することからはじまるものである。

注
(1) 平木典子(1993)『アサーショントレーニング——さわやかな「自己表現」のために』精神技術研究所；平木典子(2007)『自分の気持ちをきちんと伝える技術』PHP研究所.
(2) 同前書, 27.
(3) 同前書.
(4) 同前書, 46-47.
(5) 同前書, 58.

第2章

人間の尊厳とは何か

・・・

　第1章では，人権についての気づきを促すために，まずは「私」の権利ということをできるだけ身近なこととして考えてみた。第2章では，なぜ人権が重要であるのか，などについて「人間の尊厳」ということを鍵にして少し抽象的に哲学的に考えていきたい。哲学的といっても，何もソクラテスやカントなどの難解な議論を持ち出すのではない。社会福祉において素朴な疑問としての「なぜ」という問いを，深く掘り下げていくことを指す。

　まず，そもそもなぜ人間には権利があるのか，というもっとも根本的な問いから考えてみたい。

　結論から先取りすると，「人間は特別な存在であり，人間にはあらかじめ備わった『尊厳』があるから」である。この人間の尊厳こそが，人権の根拠であり，基本的人権（生まれながらにもっているその存在自体に与えられた権利のこと）の根拠となっているものである。これは，神聖にして侵してはならない権利である。そしてそれは，欧米で文化にまで浸透している英語のdignityを日本語に直した翻訳語であるということを知らなければならない。

　そもそも尊厳とは何か。広辞苑では「とうとくおごそかで，おかしがたいこと」と定義されているが，これだけでは何も言っていないのと同じである。「尊く厳か」と，音読みと訓読みを入れかえているだけで，定義に窮していることが明白である。何かの定義を尋ねられたときに，答えがわからない場合によくやる常套手段である。ところがこの尊厳を憲法においても記載されているが，それが何かというとあいまいにならざるを得ない。そして今日の社会福祉の規範，法律においても同様である。

第Ⅰ部　グローバル・スタンダードな人権と福祉思想

　日本の社会福祉の方針を大きく変えることになった2000年の社会福祉基礎構造改革により，大幅に改正された社会福祉法総則第3条では，今日の社会福祉サービスの目的は以下のように示された。これは，後述するが，日本国憲法の個人の尊厳（尊重）の理念，世界人権宣言に明記された尊厳の概念から導きだしてきたものであるが，以下のとおりである。

　　「福祉サービスは，個人の尊厳の保持を旨とし，その内容は，福祉サービスの利用者が心身ともに健やかに育成され，又はその有する能力に応じ自立した日常生活を営むことができるように支援するものとして，良質かつ適切なものでなければならない」（社会福祉法総則第3条）。

　ここで，明示されている「人間（個人）の尊厳」と「自立」は，今や21世紀の社会福祉の根幹をなすキーワードとなっている。つまり，尊厳と自立こそが，福祉サービスの対象者に対する処遇の最重要方針となっている。そのこともあってか，あらゆる社会福祉関連のテキストや書物，書類にはこの「尊厳」「自立」という用語で一杯になった。

　このことは大いに歓迎すべきことなのであろうが，しかしながら，そもそも尊厳とは何か，と問われると，はたと立ちどまってしまう福祉関係者も少なくない。つまりはその真意はそれほど自明なものではないからである。

　特に，ここでいう人間の尊厳ということについて，そのもともとの意味にそって改めて問い直してみたい。

なぜ人を殺してはならないのか

　ところで，数年前のことであるが，あるテレビ番組で，某大学の有名な哲学の教授が，番組に出演していたある女子高校生たちから出された，「なぜ人を殺してはいけないのか」という疑問にまともに答えられないことが話題になったことがある。明確に答えるどころか，口ごもってしまい議論としては終始女子高校生に押されていたからである。

　むろん，その教授は「その人の家族などが悲しむだろう……」「自分もそうされたくないだろう……」などと，「常識的」な返答で応酬はしたのであるが，

女子高校生に「別に！」「誰も悲しまない！」と簡単に言われてしまうと，その「歯切れのよさ」にむしろたじろいでしまったのである。

　そもそも，尊厳死であるとか，自殺幇助などをめぐる「命」と自己決定に関する深遠な哲学や生命倫理学等の高度な議論はこれらの国内外の多くの学者たちの得意とするところである。ところが，そうではなく極めて素朴な「なぜ人を殺してはいけないのか」という肝心の「そもそも論」になると，歯切れが悪く口ごもらざるを得ないのはなぜであろうか。読者の意見はどうであろうか。この点について明確に返答ができるだろうか。

　これは先のテレビ番組の某教授の論理形式や説明方法に，問題があるのではなく，実は理路整然と歯切れのいい論理展開をしようとすると，ある一定の仮説をもってこなければ明確に説明がつかず無理に説明すると論理的には成り立たない話なのである。それは，動物や他の生物のなかでも人間だけが特別に尊厳がある，という仮説（前提）である（このような仮説なしに明確な論理的説明ができるのならぜひ教えてもらいたい）。

　ではなぜ人間に（だけ）尊厳があるのか。この問いに対して，欧米圏（中東も含めて）すなわち，ユダヤ・キリスト教，あるいはイスラム圏で通常自明とされている主張（信仰表明）を借りてこないと，理路整然とした説明は容易なものではない。これは特に日本の多くの高名な哲学者や倫理学者たちも頭を悩ませてきたところである。実際，人間の尊厳は，日本では明治以来から紹介されており，それを自明なものとして受け止めてきた。その際，「天賦」の権利などと紹介されてきたが，その天賦とは厳密に言うと欧米における「神」（天）の原理というものである。

　いまや人間の尊厳という議論は，誰も疑いをもたない普遍的な概念になり，社会福祉では法律の条文の根幹をなす用語にも登場するものとなっている。日本においてそれを受け入れることに異議はないが，改めてその明確な論理的な根拠を問われると，実はそれほど自明なことではないのである。結果として，天賦の原理として「神」というものを持ち出さないのなら，あの某教授のように口ごもり，説明にまごつくより仕方ないものになってしまうのである。

第Ⅰ部　グローバル・スタンダードな人権と福祉思想

尊厳という発想はどこから生まれたのか

　それでは，ここでは，ユダヤ教，キリスト教（厳密に言うとイスラム教も含めて）が自明とする「人間の尊厳」という発想法および根拠について知ろう。ユダヤ教，キリスト教，イスラム教が合意しているということになれば，もはやそれは世界の人口の大半が共有しているものであり，数でいえば，マジョリティの主張ということになる。

　人間の尊厳の根拠は，結論的に言うと，多くの日本人には意外に思えることであるが，宗教的な前提の上に成り立っているものなのである。むろん，だからといって現代の欧米人ですら，それをそれほど日常的に意識しているものではない。イスラム圏の人たちは別として多くの世俗化した現代の欧米人は，多くの人がそこまで宗教的な背景を強く意識しながら生きているわけではない。しかし，その根底にある部分とでもいえるようななかで，大前提として共通の認識となっているのは間違いない。その根拠になっているのは，以下の一文である。

　　神は言われた。「我々にかたどり，我々に似せて，人を造ろう。神は御自分にかたどって人を創造された。神にかたどって創造された。男と女に創造された。」（創世記1章26-27節，新共同訳）"Let Us make man in Our image, according to Our likeness. So God created man in His own image". (NKJ)

　これは，旧約聖書の創世記の有名な文言である。その意味は，唯一絶対なる尊厳者であり，万物の創造者である「神」に似せて，つまりその神のイメージ（image）で人間は創造された。それゆえに，人間には尊厳があるということなのである。なぜなら神の威厳と尊厳のイメージが人間には生まれつきにあらかじめ備わっており，その尊厳ある神に似ているゆえに人間は尊厳がある存在だというのである。同じ，創世記の被造物の創造の記載では，人間だけが特別であり，他の動植物については，このような神のイメージに似せて創造したという文言はどこにもない。つまり人間だけが，特別な存在であるというのである。

　これは，神学用語で Imago Dei（イマゴ・デイ）「神の似姿」と言われるも

のであるが、ここでいう神とはユダヤ・キリスト教の天地万物の創造者である唯一絶対的神を想定している。それは神聖にして侵すことのできない礼拝対象としての主なる神のことである。ユダヤ教的には、モーセを通じて律法を与え、アブラハム、イサク、ヤコブの神、すなわち選民であるユダヤ民族と契約を結ぶ神であり、キリスト教的に言えば、その神の御子、救い主イエスを通して普遍的な全人類の父となった神のことである。このような絶対的な存在の尊厳のイメージに似せて人間は創造されたがゆえに、その尊厳そのものをその身に担っているというのである。

また別の箇所には、「主なる神は、土（アダマ）の塵で人（アダム）を形づくり、その鼻に命の息を吹き入れられた。人はこうして生きる者となった」（創世記2章7節、新共同訳）という記載がある。先の説明と合わせて、人間の特殊性として、人間が土から造られ、神の「命の息」を吹き込まれて、「生きる者となった」という特別な尊厳ある存在であると記されている。つまり、これもまた神の尊厳の息吹が、根拠となっているのである。

当然ながらこの神は、万能であり、唯一の絶対的存在であって、日本の古来の神話にある八百万の神々ではない。したがって、尊厳（dignity）という概念は、宗教意識が薄れてきた今日であっても、このような宗教的背景をもとに意識するかどうかは別として、少なくとも文化基盤として欧米的な発想の合意事項として、数千年の長きにわたって保持され続け今も自明のものとして成り立っているものなのである。

日本においても、日本国憲法や社会福祉法という条文において、人間の「尊厳」について欧米と同様に記述されている。しかし、ユダヤ・キリスト教的な神のイメージを前提としていないなかで「尊厳」という言葉を語ったとしても、それがどうも地に着いた言葉として定着し、受けとめるには課題が残る。

なぜ人間だけに尊厳があるのか

それでも、なお、疑問が残るのは、なぜ人間だけに尊厳があるのか、ということに対する感情レベルの意識であろう。確かに、アジアに出自のある仏教で

は,「生きとし生けるもの」全体に及ぶ命の尊重という面がある。いわゆる殺生（せっしょう）の禁止に具体化されているものである。禅宗のお寺などで今も実践されている豆腐や菜食の精進料理などは殺生を禁じた教えに忠実に従ってきたためである。

仏教のなかでは,自然法爾（じねんほうに）という発想にあるように,自然を客体としての対象物としてではなく,我々人間も特別なものというよりそのなかに一緒に生かされている一つのものに過ぎないという発想である。そしてむしろ自然の全体性を強調し,その場合,自然,動植物,人間という区別は存在しない。主体と客体すら未分化である。ただ,生きとし生けるもの全体が同じ,自然全体として存在している。したがって,人間だけが尊厳があるという発想法は実は仏教文化のなかでは,あまり馴染みのないものであるようである。

ユダヤ・キリスト教の場合は,人間は動物の管理責任を問われるが,動物に尊厳そのものがあるという理解はない。結果的に必要に応じて人間はそれを食するということになる。もし動物に尊厳があると言うなら,尊厳のある生き物を誰も食べることはしないであろう。むろん,ユダヤ教の律法,イスラム教の戒律において一定の動物を食することを禁じている。これは尊厳のあるなしの問題ではなく,宗教的穢れに起因することである。欧米では,通常,生き物の命は大切なものとして尊重するという意味において,動物を大切に飼育するが,それは動物に尊厳を認めるということではない。ということで,人間にだけ備わっている尊厳とは「神の似姿」が反映されたものであり,それは威厳と栄光があり,誰も侵すことができない神聖なものということになる。

以上論じてきたように,日本における人間の尊厳は,社会福祉法にも明確に示され,社会福祉界の最重要な事柄となっているが,その根拠が,欧米的なもの,つまりはユダヤ・キリスト教的な背景にあるということを意識するとなると少し理解がまた違ってくるであろう。ただし,欧米的な発想だから我々の現実と無関係かといえばそうではない。神という具体的なものを指示せずとも「天賦の権利」として,それが自明のものとして理解しようとする考え方が日本において明治の文明開化以降一般的であり,その意味では普遍的なものであ

るといえる。
　いずれにせよ，なぜ人間に基本的人権があるのか，なぜ人間（だけ）に尊厳があるのかという根本問題については，社会福祉実践のなかで十分な説明が求められることになる。本書でも，この後考えていく。

第3章

社会福祉における人権

　これまで，人間の尊厳と人権の重要性について考えてきたが，ここでは，実際に人間の尊厳と人権がどのように歴史的に形成されて，そして今日にも有効な世界的な権利の条文となっていったのかについて明らかにしていきたい。特に国際的な人権の条文である世界人権宣言，国際人権規約，日本国憲法などの意義について社会福祉の観点から考えてみたい。

1　人権の歴史

人権は社会福祉の基本

　基本的人権の意味でも明らかにしたとおり（本書序章参照），人間が人間であるゆえに，その存在自体に価値があるという概念は，社会福祉の人間観のベースにある。別の言い方をすると，人間の存在を，その行為や所有物，業績ではなく，存在それ自体で認めていこうとする人間尊重の思想を前提としているともいえる。これは社会福祉の人間観の根本原理でもある。つまり人間は存在それ自体に価値があるという発想である。このことは誰も侵すことのできない「永久」の価値である。

　ただし，この考えを理念としてではなく，具体的に実行していこうとすれば，自由主義社会における競争の原理の価値観とは矛盾が生じてくるように思える。しかし社会からこぼれ落ちる人を救済するというセーフティネットが保障されているのであれば，必ずしも矛盾をしているともいえない。なぜなら仮に競争社会に敗れ，その行為や所有物は喪失したとしても，そのセーフティネットに

表3-1　社会福祉の人権思想の根拠となる条文の系譜図

1215年	マグナ＝カルタ（英）
1689	権利の章典（英）
1776	アメリカ独立宣言
1789	フランス人権宣言
1919	ワイマール憲法
1946	日本国憲法
1948	世界人権宣言
1966	国際人権規約
1979	女子差別撤廃条約
1989	児童の権利に関する条約
2006	障害者の権利に関する条約

よって救済され，その人間の尊厳を保持させることができるからである。

　ところで何ゆえに人間が尊いのかという根本的な課題は，先述したように今日に至るまで議論されている。欧米的な発想，特にユダヤ・キリスト教の価値観に従えば，「神の似姿」ゆえにそれ自体で他の生物とは異なり，特別に価値があり尊ばれる存在であるという位置づけ，あるいは人間の存在は何人によっても侵すべからざる神聖な存在であるという発想があることは先述したとおりである[1]。

　基本的人権という近代になって明らかにされてきた発想においても，人間の存在をそれ自体で認めていこうとする思想は，時代とともに「発見」されていった。特にそれは，欧米においてユダヤ・キリスト教の文脈において先駆的に見出されてきた。そしてやがてそれら宗教の教義を離れ長い年月を経て，権利として明らかにされたその発展の歴史をみることができる（表3-1）。

近代における人権宣言

　先にみた「天賦の権利」としての「神の似姿」である人間の尊厳を前提にしても，それが実際の社会や国家の世俗のなかで現実味を帯びてくるには長い年月を要した。どこまでその歴史を遡るかは，議論の余地があるが，イギリスにおいて貴族の国王に対する権利を認めさせた1215年のマグナ＝カルタ（Magna

Carta Libertatum「自由の大憲章」）のなかに明確な形で見出されることは多くの人が認めるところである。これは全文で63条文からなり，貴族の権利を当時の国王ジョン（John）に認めさせ，不当な逮捕，不当な課税を許させないことに対する権利主張となった。しかしながら，それは市民すべてのための包括的な権利ではなく，あくまで貴族に限った国王に対する限定的な権利であった。

　その後，同じイギリスで貴族だけに限定した権利ではなく，国王に対する市民全体の権利を認めさせた権利が誕生するのは，それから400年以上後のことであった。その動きには，宗教改革により誕生したピューリタンらに代表される近代市民の台頭が大きな影響を与えた。彼らが起こした世界史的な革命であった二つの市民革命，ピューリタン革命（1649年）と名誉革命（1688年）の結果として，イギリスの権利章典（Bill of Rights, 1689）が登場することになる。これが先の1215年のマグナ・カルタと異なるのは，これらの権利が，社会的属性を超えて，そして国家を超えて無条件に認められているものであるとされる点であり，いわゆる「自然法的」に認められるところに意義があるといえる。[2]その意味で，イギリスの市民革命によって生み出された市民の権利意識というのは基本的人権を考える上では文字通り革命的であり，画期的なものであった。

　そしてこの市民的権利がさらに継承発展して，1776年のアメリカ独立宣言（The Unanimous Declaration of the thirteen United States of America），あるいは同時代に公布されたヴァージニア州権利章典に継承されることになる。そのなかで，「すべての人間は，生来，あるいは等しく自由かつ独立で，一定の天賦の権利を有し」と規定したことは，人権を考える上で，世界史的な意義がある。そのなかで「天賦の権利」という思想が展開されることになる。「天賦」という発想は，先述したとおり，唯一絶対の「神」を信仰しない日本人には十分に理解しにくいが，絶対主としての神の存在を自明のものとみている。それには，思想家であったロック（John Locke），ルソー（Jean-Jacques Rousseau）などの思想が大きな影響を与えている。独立宣言を起草したのはアメリカの第三代大統領ジェファーソン（Thomas Jefferson）であるが，その文言は以下のとおりである。

「すべての人間は平等につくられている。創造主によって，生存，自由そして幸福の追求を含むある侵すべからざる権利を与えられている。これらの権利を確実なものとするために，人は政府という機関をもつ。その正当な権力は被統治者の同意に基づいている。いかなる形態であれ政府がこれらの目的にとって破壊的となるときには，それを改めまたは廃止し，新たな政府を設立し，人民にとってその安全と幸福をもたらすのに最もふさわしいと思える仕方でその政府の基礎を据え，その権力を組織することは，人民の権利である」(3)

これらはさらに，1789年にフランス人権宣言（Déclaration des Droits de l'homme et du Citoyen「人および市民の権利宣言」）へと展開され，その思想が発展的に継承されることになる。これは17条からなり，周知のように自由・平等・博愛の精神を明白にして，国民主権・基本的人権の尊重・所有権の確立などが盛り込まれた近代市民社会の基本原理を確立したことで，その後の，近代国家の思想形成に大きな影響を与えた。ただし，信仰の自由，労働権については，はじめから焦点化されず記載がないなどの課題があった。またあまりにも急進的革命として先鋭化され，やがて闘争化され，旧体制の象徴であった王制度のみならず，カトリック教会（宗教）への弾圧など，血なまぐさい抗争が伴った。その点で，先のアメリカの独立宣言とは一線を画する点があり，学者によっては，その延長線にとらえることに疑問を投げかける者もいる。

社会権の誕生

いずれにせよ，結果として，これらの近代の権利宣言は，封建的身分制を解放させ，個人主義と平等主義に基づき，言論の自由，財産所有の自由，人民の国家への抵抗権などを定め，個人（市民）の国家からの自由権を獲得した。これによって現代につながる個人の自由の権利は明確になった。しかし黒人や女性の参政権などの権利は，論外とされ，話題にもならずに埒外とされてしまい，次の世代が負わねばならない大きな課題となった。

そして，個人の自由権がさらに発展して，その後，詳細は後述することにな

るが20世紀になってワイマール憲法（Weimarer Verfassung, 1919）に示された社会権すなわち，「生存する権利」あるいは「豊かに生きる権利」へと展開した。これが社会福祉の権利と直接つながりをもつことになる生存権もその一つとなった。

一方で，木田献一はこれらを評価しつつも近代の市民革命等によってもたらされた人権というものを，「世俗の人権」と位置づけ，その限界を指摘する。[4] 確かに近代のこれらの「世俗の人権」は，当時の社会からの解放や市民の自由をもたらしたものとして一定の評価ができるが，それだけでは人間尊厳の根拠性と戦略性に乏しい。それが認められて以降も，他者や異邦人に対して本当に人権が配慮されたものであったかは疑問が残るとする。つまり，二つの世界大戦，ナチズムの暴虐，原爆などによる大量殺戮と近現代における人権を蹂躙するような出来事の前に，「世俗の人権」がいわれるほど絶対的で安定したものではなく，時代と状況に依存してしまい，未だいかに危いものであったかをあえて取り上げる点は今後の課題として熟考に値する。

2　世界人権宣言における人権と社会福祉

第二次世界大戦の人権蹂躙ともいえる戦争の悲惨さをとおして，自由権，平等権，社会権は，その反省から，一国家だけでそれらを議論するには限定があり，国際的な舞台で共有するということが求められるようになった。第二次世界大戦後国連が，この重要な役割を担うようになっていった。

世界人権宣言の概要

現代社会において，世界人権宣言が果たしている役割は大きい。特に社会福祉における人権を語る場合においては，その根幹をなす重要なモデルとなり，その哲学理念の根幹と指針をなしている。

世界人権宣言（1948年）は，戦後二度の戦争の悲惨さ等も含め，人の生命や人権が国家と政治的文脈のなかでいとも簡単に侵される状況を踏まえ，国家と

いう単位を超えて国連によってつくられたものである。これは，平和を世界全体として構想するという発想と同じく人権についても，一国家だけでそれを確立することは不安定であり，実現性に乏しいという発想である。それは，世界的視座に立って人権の重要性を認識して，1948年12月10日に第3回国連総会において「世界人権宣言」（Universal Declaration of Human Rights）として採択されたものである。

　これこそが，人権のグローバル化の本格的なはじまりでもあり，それは世界共通の人権の宣言であり，世界共通の人権の憲法とでも言えるものであり，後述する障害者や子どもの人権もこれを基礎に個別の条約が成り立っている。日本政府も後述することになるが，この宣言がもとになって規定された国際人権規約に1979年に批准している。

　この世界人権宣言は，「すべての人間は，生れながらにして自由であり，かつ，尊厳と権利とについて平等である」（All human beings are born free and equal in dignity and rights.）という条文にはじまり，「すべて人は，人種，皮膚の色，性，言語，宗教，政治上その他の意見，国家的若しくは社会的出身，財産，門地その他の地位又はこれに類するいかなる事由による差別をも受けることなく，この宣言に掲げるすべての権利と自由とを享有することができる」（第2条1）という普遍的原理を明記しているが，これこそ社会福祉の寄って立つ根本理念である。条文全体を本書の巻末に参考資料として掲げているので参照されたい。

世界人権宣言と社会福祉

　世界人権宣言では社会福祉・社会保障に関係することがらについて，先述した社会権を認めたワイマール憲法の精神をさらに具体的にすすめている。それは社会福祉にとって極めて重要な文言である。以下に示す（外務省訳，カッコ内は原文）。

　　「すべて人は，社会の一員として，社会保障（social security）を受ける権利を有し，かつ，国家的努力及び国際的協力により，また，各国の組織及

び資源に応じて，自己の尊厳と自己の人格の自由な発展（free development of his personality）とに欠くことのできない経済的，社会的及び文化的権利を実現する権利を有する」（第22条）

「すべて人は，衣食住，医療及び必要な社会施設等により，自己及び家族の健康及び福祉（well-being）に十分な（adequate）生活水準（a standard of living）を保持する権利並びに失業，疾病，心身障害，配偶者の死亡，老齢その他不可抗力（beyond his control）による生活不能の場合は，保障を受ける権利を有する」（第25条1）

「母と子とは，特別保護及び援助（special care and assistance）を受ける権利を有する。すべての児童は，嫡出であると否とを問わず，同じ社会的保護（social protection）を受ける」（第25条2）

このように貧困，失業問題，疾病，障害，高齢，児童，母子にいたるまで包括的な社会保障，社会福祉の権利を明記し，それらを明確な社会権として具体的に規定し，認めていることは戦後体制の平和な世界を願った20世紀の集大成であり思想的遺産ともいえる。そして社会福祉においては画期的なことであり，特筆すべきことである。後述するが，日本国憲法でも人権に関して言えば，世界人権宣言とほとんど同じ内容を定めており，社会権としての人権は，私たちの日常生活の世界共通の基本のルールとなったといえる。

繰り返すが，人権とは，この条文に示されているように，私たちが幸せに生きるための権利であり，人種や民族，性別を超えて万人に共通した一人ひとりに備わった権利である。かつて公民権運動を指導したキング牧師（Martin Luther King, Jr.）が指摘するように，それは黙っていたら自動的に勝手に得られるものではなく，それはそれぞれの時代によって，様々な（非暴力ではあるが）闘争や運動を含めた努力によって獲得されなければならないものであり，歴史のなかで多くの先人たちの努力によって勝ち取られ，発見されていったものであるということを覚えておくべきであろう。

一方で，世界人権宣言は，その第29条1項で「すべて人は，その人格の自由かつ完全な発展がその中にあってのみ可能である社会に対して義務を負う」

(Everyone has duties to the community in which alone the free and full development of his personality is possible.) と明記しているが，これを逆に解釈すれば，人格の自由でかつ十分な発展が保障されない社会（コミュニティ）にあっては，個人はそのようなコミュニティに対して義務がないという発想をもつことになる。つまりは，個人の人格が侵され，蹂躙され，それが認められていないような社会にあっては，各自はその社会に対して義務がないという考え方である。

法的拘束力をもつ国際人権規約

ところで，世界人権宣言は，人権に関する世界共通の憲法のようなものと述べたが，世界人権宣言はあくまで「宣言」であり，それに違反したとしても，法的拘束力がなかった。それゆえに実際問題として，それは実行性に乏しいという課題がその後，専門家から指摘されるようになった。

そのため1966年に国連総会は，この世界人権宣言の理念を基礎にして，より具体的かつ包括的な法的拘束力をもたせた法体系として「国際人権規約」（International Covenants on Human Rights）を成立させた。このことは，さらに世界人権宣言の理念をすすめる上では画期的なことであった。規約が正式に発効したのは10年後の1976年である。

国際人権規約とは，人権に関する多国間の条約である経済的，社会的及び文化的権利に関する国際規約（社会権規約：A規約），市民的及び政治的権利に関する国際規約（自由権規約：B規約），そしてその選択議定書の総称のことをいう。また，1989年には，自由権規約の第2選択議定書（死刑廃止議定書）が採択され，1991年7月11日に発効した。さらに，2008年には社会権規約の個人通報制度を規定する社会権規約選択議定書も採択された（これは2014年現在まだ発効されていない）。

この規約の特徴は，自由権（B規約）と20世紀の権利としての社会権（A規約）の二つの規約を併存させた点にあり，国連（国際社会）が，それぞれの国家が国民に対して守るべき人権について拘束力をもって規定しているという点である。なお，国連の話し合いの段階で，社会主義国家は，社会権を軸にA

規約とB規約を二つに分けるのではなく，一つの体系とすることを提案していたが，結果的には西欧諸国の主張で今のA規約，B規約というものを分けての併存型となった。

　日本は1979年に，社会権規約・自由権規約ともに留保つきで批准した。留保した理由は，労働者への休日の報酬支払い，公務員のストライキ権の保障，自由権規約の個人通報制度などについては，日本の独自の国内法との整合性が整わないという点による。そのため，そのままですべてに批准することはできずに，現段階では留保や独自の基準を別途国際社会に対して宣言することによって，これに対応している。これは国際社会のなかでの日本国憲法前文に定める「われらは，いづれの国家も，自国のことのみに専念して他国を無視してはならないのであつて，政治道徳の法則は，普遍的なものであり，この法則に従ふことは，自国の主権を維持し，他国と対等関係に立たうとする各国の責務であると信ずる」とする立場からしても，今後の日本の発言権や立場を考慮すると，その国家としての対応はやや消極的であり，早急に国際社会が納得できる形で国民的議論をしておくべきものであろう。

集大成としてのウィーン宣言及び行動計画

　そして，1993年に，これらの国際的人権に関する集大成として，「ウィーン宣言及び行動計画」（Vienna Declaration and Programme of Action）が，世界人権会議により採択され宣言された。これは，世界のあらゆる人権蹂躙に対処するための，国際連合の役割，すべての国々に対する要求を総括した宣言と行動計画である。そしてこれは，国連総会において承認されたのちに緒方貞子らが活躍することになった国連人権高等弁務官事務所（OHCHR）が設置されることとなったのもこの会議の成果である。こうして，世界人権宣言（1948年）によってはじまった権利に関する国連が関与した人権に関する宣言や条文は，ここに一応の完成をみる。

　この宣言文の第5条に以下のような，「すべての人権の相互依存性」についての記載は，そのまま今日の世界，国家，個人の人権にかかわる本質的なこと

第Ⅰ部　グローバル・スタンダードな人権と福祉思想

がらが謳われている。

　「すべての人権は普遍的であり，不可分かつ相互依存的であつて，相互に連関している。国際社会は，公平かつ平等な方法で，同じ基礎に基づき，同一の強調をもつて，人権を全地球的に扱わなければならない。国家的及び地域的独自性の意義，並びに多様な歴史的，文化的及び宗教的背景を考慮にいれなければならないが，すべての人権及び基本的自由を助長し保護することは，政治的，経済的及び文化的な体制のいかんを問わず，国家の義務である」(ウィーン宣言及び行動計画，1993年)

　多様な宗教，文化に違いを認めつつも，「全地球的に」(on the same footing) 扱うことを強調する，このくだりは，20世紀の人権の到達点であるといえよう。国家は，これらが指し示す人権について，国際社会に対して言い訳ができない状況にあるということを示すものである。

3　日本国憲法における人権と社会福祉

日本国憲法は誰のものか

　さて，世界人権宣言 (1948年)，そしてそれに基づいて法的拘束力のある包括的な国際人権規約 (1966年)，ウィーン宣言及び行動計画 (1993年) については説明してきたとおりであるが，日本国内には，根本法であり最高法規に位置づけられる日本国憲法がある。日本国憲法 (1946年) は，戦後，国民主権，徹底した平和主義，基本的人権の尊重を基調とした憲法として戦後日本の民主主義と平和の象徴として公布された。そして半世紀以上を経た今，その改正の是非，および改正内容をめぐり国論が二つに割れており，目下，国家としての，あるいは政治の最重要課題の一つとなっている。その際に，論点になっているのが，憲法改正の手続き論 (第96条)，特に，平和憲法の問題 (第9条) 等である。ここではその改正の是非をめぐる議論には踏み込まないが，世界が注目すべき平和理念を謳っているという点は決して忘れてはならない。以下，社会福祉との関連に絞ってみていくこととしよう。

まず，日本国憲法は誰のためのものかという基本的性質を正しく理解するために，知っておくべきことは，憲法とは，基本的に国家が国民に対して守るべきことを約束するという性質のものであるという点である。憲法は，国民が守るべき法規であると誤解されている場合があるが，それは明らかに間違いである。憲法第99条において，「天皇又は摂政及び国務大臣，国会議員，裁判官その他の公務員は，この憲法を尊重し擁護する義務を負ふ」と明記しているとおりである。すなわち，憲法によって国家が国民の生活と権利を守る義務を負っているのである。これが憲法の根底にある性質であり，特徴である。基本的人権というのも，その観点から考えなければならない。

日本国憲法における基本的人権
　日本国憲法の根幹をなす基本的人権は，概ね三つの権利からなっている。それは，自由権，平等権，社会権の三つである。
　日本国憲法の場合，人権の区分は以下である。
　①　自由権：身体の自由（第18条），精神の自由（第19～23条），経済活動の自由（第22条）
　②　平等権：（第13, 14, 24, 44条）
　③　社会権：生存権（第25条），教育権（第26条），労働に関して（第27, 28条）
　そのなかでも，社会福祉に直接にかかわるのが平等権および社会権である。そもそも自由権というのは，先述したようなイギリスの市民革命のように，絶対王政時代に国王が市民の権利を奪うことへの抵抗権として，勝ち取った権利である。それは国王（あるいは国家）の権限により，市民が理由なく逮捕されたり（身体的拘束），宗教，芸術，その他のあらゆる表現をする自由や，個人の財産や経済活動を国家による余計な規制・干渉されずにすむというような国家からの個人の自由として保障されるものである。
　しかし，資本主義が高度に発達するにつれ，経済恐慌，貧富の格差，失業等の労働問題などが一層深刻化してきた。自由権によって，国家権力から干渉をされないという自由を勝ち得たことは，富の蓄積など成功した一部の市民にと

ってはそれだけで都合のよいものであったが,「敗者」となって生活困窮を強いられた多くの市民や労働者にとっては,皮肉にも,あたかもそれは「路上で生活する自由」「飢え死にする自由」の権利でしかないかのような厳しい社会的な現実が待っていた。

　こうして,20世紀に入って,自由主義,資本主義によって生じた社会的問題を国家として補償し,解決するために,国家的最低限の生活を保障する「社会権」という発想が誕生した。それは,先述したが1919年のワイマール憲法が世界最初のものであった。ワイマール憲法の最大の特徴は人権保障の斬新さである。自由権を強調したこれまでの各国の憲法から,新たに社会権を保障した転換がなされ,その後に諸外国の憲法の模範ともなった。当時は世界でもっとも民主的な憲法とされ,第1条で国民主権を規定した。特に第151条で「経済生活の秩序は,各人をして人間に値すべき生存を得しめることを目的として正義の原則に適合する事を要する」とあるとしたことは社会権,あるいは生存権をはじめて規定した画期的なものであった。戦後の日本はこのワイマール憲法の影響を受けて,社会権の部分をより鮮明化させて日本国憲法第25条へと発展させた。

憲法第25条「生存権」

　つまり,社会権というのは,17世紀以降の自由権の「発見」以降,20世紀以降の社会問題の対応として新たに追加され,「発見」されたものである。そしてこの社会権をさらに分類すると,生存権,教育権,労働権の三つに分類される。そのなかでも特に日本国憲法第25条に定める生存権は,社会福祉の理念の根幹であり,福祉の憲法とでもいうべき理念が明記されている。それは以下のとおりである。

　　「第25条　すべて国民は,健康で文化的な最低限度の生活を営む権利を有する。2　国は,すべての生活部面について,社会福祉,社会保障及び公衆衛生の向上及び増進に努めなければならない」

　これは,前半の部分（1項）で,国民の福祉の権利とでもいうべき,「最低

限度の生活を営む権利」について，後半部分（2項）では，国家がそれを保障する義務を規定しているという二重構造からなっているのが特徴である。この条文については本書の次章及び第5章の「貧困と人権」のところで実際的な解釈と運用点を含めて詳細に議論したい。

さらに，日本国憲法は，社会福祉に関する平等権として第13条，14条において，以下のように明記している。

「第13条　すべて国民は，個人として尊重される。生命，自由及び幸福追求に対する国民の権利については，公共の福祉に反しない限り，立法その他の国政の上で，最大の尊重を必要とする。」

「第14条　すべて国民は，法の下に平等であつて，人種，信条，性別，社会的身分又は門地により，政治的，経済的又は社会的関係において，差別されない。」

第14条のほうは，社会福祉の理念の一つである人間の平等権を保障し，「人種，信条，性別，社会的身分又は門地により，政治的，経済的又は社会的関係において」，いかなる差別もされないことを明記している。ここで示す平等の概念は，国家の社会福祉の前提となっているものである。

注目すべきは，第13条の幸福追求権である。先に述べた第25条規定が，最低限の生活を保障するという意味では消極的あるいは守りの思想であるのに対して，第13条では「すべて国民は，個人として尊重される」とした上で，「幸福追求に対する国民の権利」を示したもので，より積極的な思想であるといえる。また国家がそれを「最大の尊重」をすると約束している。これは，基本的にあらゆる思想や価値も平等に扱われるという意味では平等権の範疇として扱われるが，より広義の意味として，個人の自由の根拠として位置づける場合は，自由権の一つとして考慮することもできる。その場合，先の平等権，そして生存権が社会福祉におけるセーフティネットを規定するのに対して，憲法条文には記載されていない21世紀型の新しい権利としての環境権，プライバシー権などとともに，積極的に自らの主体的幸福を自ら獲得する自由を規定していこうとするものであり，この観点からも改めて社会福祉をとらえていくことが21世紀

第Ⅰ部　グローバル・スタンダードな人権と福祉思想

には重要となる。

注
(1)　木原活信（2003）『対人援助の福祉エートス――ソーシャルワークの原理とスピリチュアリティ』ミネルヴァ書房.
(2)　宮田光雄（1979）『現代をいかに生きるか』日本基督教団出版局.
(3)　友清理士（2001）『アメリカ独立戦争（上）』学習研究社.
(4)　木田献一（1993）「旧約聖書の人権」明治学院大学キリスト教研究所編『人権とキリスト教』教文館.

第4章

人権×社会福祉の新しい考えかた

・・・

　ここ数年，先述したような人権意識の浸透，社会福祉の市民への啓蒙活動の結果などから，新しい具体的な福祉の理念，思想が次々と生まれてきている。これらはいずれも，先述したような社会福祉における人権と人間の尊厳を基調としており，それを一般市民に開かれた形で具現化しようとしているものである。ここでは，とりわけメディア等においても一般市民にあっても広く浸透してきたノーマリゼーション，バリアフリー，ユニバーサルデザイン，ソーシャル・インクルージョン（社会的包摂）といった主に欧米各国で注目され日本にも浸透している主要な諸理念を社会福祉との関係で考えていきたい。

1　ノーマリゼーション

知的障害の分野から始まる

　ノーマリゼーション（normalization）とは，障害のある人もない人も当たり前の普通の生活を目指すという考え方である。今日，この用語は一般社会に認知されており，改めてここで詳しく説明の必要のないほどまでになっている。使用される範囲は広く，政治，行政，メディア，教育現場などでも，そのまま頻繁に使用されている。

　この用語を直訳すると「正常化」「標準化」となる。たとえば政治用語として使用されている場合，戦闘状態にある国家同士が，停戦によって相互に戦争のない「普通の状態」に戻ることを「ノーマリゼーション」というように使用される。

第Ⅰ部　グローバル・スタンダードな人権と福祉思想

　社会福祉界のなかにこの思想を導入したのは，デンマークのバンク－ミケルセン（Niels Erik Bank-Mikkelsen）である。その後，この理念は，世界の障害者福祉を方向づける一つの重要な理念となっている。バンク－ミケルセンの着想の原点は，知的障害者のための巨大な収容施設のケアのあり方をめぐる疑問である。当時，障害者のために立派な大規模施設が作られる傾向にあったが，たとえそれがどんなすばらしい施設であっても，それを利用する障害の当事者個人にとってその処遇が非人間的であると思えるのなら，それは重大な問題であるという反省のなかから誕生したものである。

　その後，1960年代以降スウェーデンをはじめ北欧諸国にこの考え方が浸透していき，さらに北米へと展開し，今日では世界のあらゆる国々に広く普及していった。花村春樹によると，日本では主に中園康夫が導入し，1970年代にこの概念が社会福祉界で使用されるようになり，今日に至っている。[1]

　知的障害者の領域で始まったこの考えは，その後，障害者一般，そして高齢者，児童などすべての福祉を利用する人々の処遇にまで広がり，障害の有無に関係なく，すべての人が一般市民の通常の生活状態を目指すことを目的として広く世界的に支持されている考えとなった。[2]

　先に述べた政治用語として使われるノーマリゼーションが戦闘状態にあったことが戦闘のない状態になった，いわゆる普通に戻ったという用法が，障害者と健常者の間の「ノーマル」として使われているのは必ずしも偶然ではないようである。なぜなら歴史的に長い間，障害者への差別と抑圧があり，そのようななかから障害のある当事者たちが人間としての当然の権利を勝ち取っていくことによって，ようやく正常状態，つまり戦闘のない状態になってきたノーマルになってきているからである。その意味では，このノーマリゼーションという用語を使う時，過去の差別の実態を反省するという強い意味合いの言葉であったといえる。

　バンク－ミケルセンの影響を受けたスウェーデンのニイリエ（Bengt Nirje）は，このノーマリゼーションの概念をより具体化することに成功した。その基本原理をより現実化させるために以下のようなものを提唱した。

それは施設のなかにあっても，どこにおいても，障害のある人たちが，1日・1週間・1年間といった時間や時期の正常な日常生活リズムが保たれていること，一生涯を通じて誰にも発達の機会の保障がなされること，特に知的障害者の言語化されない願望や自己決定の表現を尊重すること，男女両性が一緒にいる社会で普通に暮らすこと，正常な経済生活・住環境水準を保障するなど具体的な生活にまで踏み込んだものであった。(3)

つまり，この原理は，知的障害者の独自のニーズの充足のみならず，もともと，市民として普通に保障されている住宅，所得，教育等の標準的生活水準が，同じく保障されることを意味している。これはかつての公的扶助サービスの基準にみられるような劣等処遇の原則の考え方（貧困を個人の責任としたイギリスの新救貧法（1834年）のなかで明らかにされたもので，救済を受ける状態は労働者の最低状態以下にすること）を否定しているといえる。このことは，本書のなかで後に日本国憲法第25条の生活保護の規定のなかで詳しく述べていく。

この思想は，北欧から北米に導入されさらなる発展をみる。特にヴォルフェンスベルガー（Wolf Wolfensberger）は，「ノーマリゼーションの心髄」を明らかにすべく，「ソーシャル・ロール・バロリゼーション」（social role valorization）という概念を提唱した。これは，障害者自身が，積極的に社会のなかで，価値ある社会的な役割をもつことを推奨するという考えである。冨安芳和によると，「問題行動を治療して同年齢の集団の中で活動できるようにしよう」，「障害者を可能な限り他の人々と同じ場所で暮らし，働けるように教育し発達させよう」というような伝統的な保護主義的障害者観にヴォルフェンスベルガーは「我慢できなかった」というのがこの発想の原点にある。「彼は，『ノーマリゼーション』を目標としてだけでなく，手段にも用いる理論展開をしている」(4)というのがその特徴である。この考えはノーマリゼーションの考えをさらに徹底し，先鋭化させ，障害者の生活水準を高める役割を果たした。一方で，この理念を十分に理解せずに，障害者自身が一般社会にただ適応することを，結果として周囲が強いてしまうという適応主義・同化主義に陥る等の問題点が今日の課題として指摘されている。

第Ⅰ部　グローバル・スタンダードな人権と福祉思想

地域におけるノーマルな生活とは

　いずれにしてもノーマリゼーションのこうした思想は，日本でも次第に浸透して，今日に至っているが，できる限り住み慣れた地域で家族や友人とともに生活する地域生活が望ましい（ノーマル）という考え方に基づき，地域福祉の理念としても継承されている。具体的な施策としては家庭や地域を生活基盤とする「在宅福祉サービス」を施設での生活を基盤とする「施設サービス」よりも優先させる考え方に影響を与えることになる。したがって，ノーマリゼーションの理念の具現化は地域において在宅福祉サービスを充実することを意味するようにもなっている。

　では地域における，「ノーマルな生活」とは何だろうか。この本を読んでいるみなさんは今どのように生活しているのだろうか？　たとえば，地域において独り暮らし，家族と暮らす，気の合った仲間と暮らす，などその選択肢は様々である。しかし今現在も，選択肢がない（示されない）状況で暮らしている人がいることを意識する必要がある。

　たとえば，ある障害者から，「現在，かなり市民に浸透しているノーマリゼーションというのは聞こえがいいが，その文脈でよく語られるときほとんど抜け落ちているのが障害者の性の問題である」，という指摘を受けたことがある。その指摘には驚いた。確かに，大人同士が深い関係になるということが仮にノーマルな生活というなら，それは，恋愛，結婚につながる可能性がある，ということであり，それは性の問題と密接につながることを暗示している。ところが，障害者に限るとどうであろうか。障害当事者たちが「普通に」訴えたい問題であるが，なかなかそれを言語化できない状況にあり，平気で抜け落ちているというのである。

　先述したとおり，ニイリエが，当初から述べていた文脈は，「知的障害者の男女両性のいる社会で普通に暮らすこと」[5]であったことは，極めて示唆にとみ革新的で重要な提起であったが，もしもその点が抜け落ちているというのなら，それは健常者の保護的福祉観に基づく発想のままであり，到底本当の意味でのノーマリゼーションとはいえないであろう。これらの点は今後の課題である。

2　バリアフリー，ユニバーサルデザイン

バリアフリーとは

　高齢者や障害者の行動や社会参加を妨げる環境的・制度的・心理的な障壁（バリア）となるものを取り除こうという理念として，1974年に国際障害者生活環境専門家会議が「バリアフリー」という報告書を出して以来，この用語がメディアで頻繁に使われるようになり，行政，学校ばかりでなく，企業までもが熱心にこのテーマをあつかっている。バリアフリーとは，障害者等が社会生活をしていく上で，障壁となるものを取り除いて，ノーマリゼーションを実現していくということである。

　今日ではバリアフリーという場合は，建築物や道路，階段などの段差等の物理的バリアを除去するだけでなく，より広い意味で障害者の社会参加をする上で障壁となり，困難にしている社会的制度や，「障害」に対する偏見などの心理的なバリアを除去していくということにも用いられている。とりわけこの心理的バリアの問題は，後述することになるが日本では大きな問題である。

　なお，英語表記では，バリアフリーという用法とほぼ同義語として，アクセシビリティ（accessibility）という表現のほうが，なじみが深い。高齢者・障害者を含む誰もが，様々な製品や建物やサービスなどを支障なく利用できるかどうか，あるいはその度合いのことをいう場合に使われている。

ユニバーサルデザインとは

　最近では，バリアフリーの思想からさらに一歩進んだ発想，あるいはそれをより具体化したものとして「ユニバーサルデザイン」という考え方も提唱され注目されている。これは高齢者，障害者，子ども，妊産婦，病弱者などが使いやすい製品，住みやすい環境は結果的にすべての人にも使いやすい製品であり，住みやすい環境であるというコンセプトの下にそれらをつくりだそう（建築していく）というコンセプトである。

ユニバーサルデザインに基づいた製品として，たとえば，自動販売機がある。この自動販売機は，これまでのものと比べて操作ボタンの位置がより低くつくられ，取り出し口が少し高いところにあるなどの工夫がしてある。これにより車いすを使用している人や子どもが，今までより数段使いやすくなるが，一般の人にとってもそれは使いやすいことが多い。あるいは乗降口のステップがないノンステップ型のバスが各地で普及し始めているが，これは実は高齢者や障害者だけでなく，誰にでも乗り降りしやすいバスということであり，すべての（ユニバーサル）利用者に歓迎されているというのも同様の例である。

　特にユニバーサルデザインでヒットしたものは，TOTOが生産したウォシュレット・トイレであろう。それはどちらかというと「暗い・臭い・汚い」といわれた，いわゆるトイレの「3K」の解消を目的にされたものであるが，ウォシュレットの最大の機能は肢体が不自由な人が自分で手を使わずにお尻を洗うことができる「洗浄」機能であった。ところが，それは別に肢体の不自由な人だけでなく，結果的にすべての人に（ユニバーサル）利用され，商品としても大ヒットをしたのである。まさにこの発想法がユニバーサルデザインのビジネスモデルとなったが，「現在世界40か国以上に普及しており，出荷総数3000万台を超える技術商品へと成長」（株式会社TOTOの公式サイトより）していることからも，ビジネスとしても大きな魅力となっているのである。

　このように，障害者や高齢者に使いやすく工夫された環境や建物は，すべての人にとっても普遍的に使いやすいというユニバーサルデザインの思想は，社会福祉を特定の誰かのために何かをしてやっているという保護主義的観点から，すべての人にかかわる普遍的な人のためのものであるというような思想への転換を促し，その考え方の普及に貢献をしている。特に社会福祉と建築を考える上で重要な理念となりつつある。後述するが，これは社会福祉の普遍主義や選別主義という思想にもあてはまる議論となっている。

3 ソーシャル・インクルージョン

障害児教育の分野から始まる

ソーシャル・インクルージョン（social inclusion：社会的包摂）は，すべての人を排除せずに，社会の一員として認めていくという発想で主に西欧国家，社会における近年の社会福祉構想の転換，再編成の際に，重要な福祉の理念として広く流布したものである。

ただし，このインクルージョン（inclusion）という用語はもともと障害児教育の分野で使われはじめた言葉であった。たとえば，「あるクラスに障害児も受け入れる」というインテグレーション（integration）の発想ではなく，その「障害のある子ども」も本来元々クラスの一員であり，他の「健常な子ども」と何ら区別されることはないとする発想である。その意味でこの障害のある子どももはじめからクラスの正当なメンバーであったのであり，彼の学習する権利が侵害されないようにカリキュラム構成やクラス運営がなされなければならないとする考え方である。この発想をさらに広く社会全般に拡大させ，障害者を特別扱いしたような排除の論理に基づく差別社会ではなく，障害者もはじめから社会の構成員であるという考えに立つ。つまり，その逆の発想である「健常者」の生活様式や生活規範に障害者の生活を近づけることによって社会適応をさせることではない。

ノーマリゼーションの真の姿

この思想は，障害者であれ，「健常者」であれ，それぞれの個性が十分に尊重される多様な価値観を許容するような社会であることが前提である。その上に立って相互に共生的な社会が構築されることが必要であり，これがノーマリゼーションの真の姿であるとも考えられている。しかし一方で，障害のある者やマイノリティを社会的に排除する仕組みが無意識のうちに現実の社会のなかにはあり，これを改善していく社会構築が急務である。そのような社会を目指

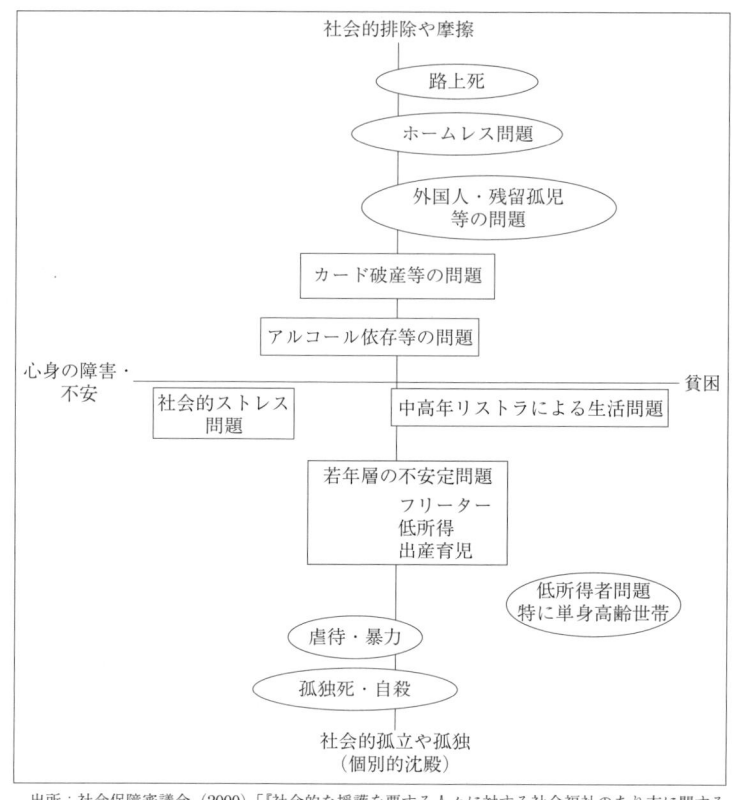

図4-1　社会的な援護を必要とする人

```
                    社会的排除や摩擦
                         │
                      ┌──────┐
                      │ 路上死 │
                      └──────┘
                         │
                    ┌──────────┐
                    │ホームレス問題│
                    └──────────┘
                         │
                   ┌────────────┐
                   │外国人・残留孤児│
                   │  等の問題    │
                   └────────────┘
                         │
                  ┌──────────────┐
                  │カード破産等の問題│
                  └──────────────┘
                         │
                  ┌────────────────┐
                  │アルコール依存等の問題│
                  └────────────────┘
心身の障害・                                        貧困
不安          ┌────────┐  ┌──────────────────┐
              │社会的ストレス│  │中高年リストラによる生活問題│
              │  問題    │  └──────────────────┘
              └────────┘
                    ┌──────────────┐
                    │若年層の不安定問題│
                    │   フリーター   │
                    │    低所得     │
                    │    出産育児    │
                    └──────────────┘
                                      ┌────────────┐
                                      │ 低所得者問題 │
                                      │特に単身高齢世帯│
                                      └────────────┘
                    ┌────────┐
                    │ 虐待・暴力 │
                    └────────┘
                    ┌────────┐
                    │孤独死・自殺│
                    └────────┘
                    社会的孤立や孤独
                    （個別的沈殿）
```

出所：社会保障審議会（2000）「『社会的な援護を要する人々に対する社会福祉のあり方に関する検討会』報告書」．

す理念としてソーシャル・インクルージョンは今後の重要な福祉思想の一つとなるであろう。[6]

　2012年に日本政府の審議会においても，このソーシャル・インクルージョンについて以下のように議論がなされた。

　　「社会的包摂（Social Inclusion）とは，1980年代から90年代にかけてヨーロッパで普及した概念である。第二次世界大戦後，人々の生活保障は福祉国家の拡大によって追求されてきたが，1970年代以降の低成長期において，失業と不安定雇用の拡大に伴って，若年者や移民などが福祉国家の基本的

第**4**章　人権×社会福祉の新しい考えかた

な諸制度（失業保険，健康保険等）から漏れ落ち，様々な不利な条件が重なって生活の基礎的なニーズが欠如するとともに社会的な参加やつながりも絶たれるという「新たな貧困」が拡大した。このように，問題が複合的に重なり合い，社会の諸活動への参加が阻まれ社会の周縁部に押しやられている状態あるいはその動態を社会的排除（Social Exclusion）と規定し，これに対応して，社会参加を促し，保障する諸政策を貫く理念として用いられるようになった」(「社会的包摂政策を進めるための基本的考え方」（第22回社会保障審議会）平成23年8月29日）[7]

この発想は，今後の日本の21世紀の社会福祉，社会保障の重要な理念であるといえよう。なぜなら無縁社会，孤立社会などという新たな社会問題に対して，社会的包摂という考えが特に求められるからである。これらの具体的なとりくみについては，貧困，障害者，高齢者等の福祉実践のなかで具体的に議論していきたい（図4-1）。

注
(1) 花村春樹（1994）『「ノーマリゼーションの父」N. E. バンク-ミケルセン　その生涯と思想』ミネルヴァ書房，97.
(2) Wolfensberger, W.（1972）. *The principle of Normalization in human services*. Toronto, National Institute on Mental Retardation.（=1999，中園康夫・清水貞夫訳『ノーマリゼーション』学苑社．)
(3) Nirje, Bengt（1992）*The Normalization Principle Papers*. Center for Handicap Research, Uppsala, Uppsala University, =1998，河東田博・橋本由紀子・杉田穏子訳編『ノーマライゼーションの原理』現代書館）；定藤丈弘（1982）「ノーマリゼーション」『福祉社会事典』弘文堂．
(4) Wolfensberger, W.（1994）. *A brief introduction to Social Role Valorization*. Syracuse, NY, Training Institute for Human Service Planning, Leadership and Change Agentry, Syracuse University.（=1995，冨安芳和訳『ソーシャルロールバロリゼーション入門』学苑社，157.）
(5) 前掲4)．
(6) 社会保障審議会（2000）『「社会的な援護を要する人々に対する社会福祉のあ

り方に関する検討会』報告書」.
(7) 社会保障審議会（2012）『社会的包摂政策を進めるための基本的考え方報告書』（第22回社会保障審議会）.

第Ⅱ部

現代の社会において人権は守られているのか

第Ⅱ部　現代の社会において人権は守られているのか

　第Ⅰ部では，社会福祉と人権について，身近な人権の話題から入り，そして，人権の根拠を議論し，国際的な人権の重要な条文および日本国憲法の関連条文等に触れながら説明してきたが，第Ⅱ部では，社会福祉の具体的な支援の対象について考えたい。

　つまり，足下の日本の貧困，障害，児童，高齢，そして女性，マイノリティの問題についての現状とその人権との関連について考えながら，第Ⅰ部で明らかになった社会福祉における人権がどのように守られ，あるいは侵害され，蹂躙されているのか，という問題について具体的に検討していきたい。

　ところで，社会福祉の対象をどうとらえるかというのは重要な問題である。社会福祉学では，この点において，選別主義と普遍主義という論争がある。社会福祉の対象を限定させることを選別主義と呼ぶのに対して，普遍主義は，すべての人が社会福祉の利用者（対象者）であるという普遍的な立場をとる。本書では，この論争の中身に詳しくは立ち入らないが，IFSW（国際ソーシャルワーカー連盟）のソーシャルワークの定義に基づき，その利用者を「抑圧された者」あるいは「束縛された者」としてとらえる。つまり，社会福祉の利用者を，本人の意思や責任とは無関係に，社会や制度によって抑圧されている状態の人間であると定義する。同定義に附帯されている価値に関する条文のなかにも利用者を「不利益を被っている人びと」「貧困」「傷つきやすく抑圧されている人びと」（vulnerable and oppressed people）（定訳）と提起しているとおりである。その意味では，特定の誰かだけではなく，すべての人がその可能性があり，普遍的な立場であるが，この第Ⅱ部では目下，抑圧されている人々やその問題になっている領域を限定的に述べていきたい。

　これから述べようとする貧困（第5章），児童（第6章），障害（第7章），高齢者（第8章），女性（第9章）の場合にもそのまま「抑圧された」というイメージはあてはまる。貧困の場合では，資本主義社会の矛盾構造による失業，労働の問題，などという社会問題が結果的に個人を「抑圧」してきたことになる。児童虐待という大人による虐待などは，まさにこの最たるもので，強い者が弱い立場にある者を抑圧している。障害であれば，機能面における不全ではなく，

社会的偏見，不当な差別などが当事者を「抑圧」していることになる。高齢者も若い世代から不要扱いにされるという社会構造的な抑圧を，また女性は男性優位社会構造によって抑圧されているのである。このような場合，必要なのは，まず，彼ら自身が本来もっている権利を行使するために解放されることである。

　以下では，彼らの抑圧されている実態について，できるだけ正確な政府の最新のデータを用いながらポイントを絞って述べていきたい。ただし紙数の関係上，すべてを網羅しているわけではなく，社会福祉の基本の領域とされている六法の対象である貧困，児童，障害，高齢者，女性を中心に狭義の社会福祉領域に絞った対象を取り上げることになるが，その他が重要でないということではない。ただし，障害の総合的視点の関連から，社会福祉六法以外の精神障害，発達障害についても障害の枠組みでその対象として取り上げている。

第5章

貧困と人権

・・・

　貧困は，狭義の社会福祉の一領域であるとともに，社会福祉全体に貫かれるものとしての認識が必要である。なぜなら，たとえば，障害者であれ，高齢者であれ，児童であれ，その生活を支える経済的基盤は重要であり，それらの対象となる人々のうちに，生活苦から貧困に陥って生活保護受給や経済的支援を必要としている人は少なくない。ここでは，これらの日本の貧困問題を考察していきながら，現代の生活保護受給の課題等にも触れていきたい。特に後述するが，現代の日本では，母子家庭世帯の貧困は深刻である。その半数が貧困であるというデータがあり，社会全体の課題となっている。

　貧困とは何か
　貧困には絶対的貧困（Absolute Poverty）と相対的貧困（Relative Poverty）の二つの概念がある。国や一定の地域の生活レベルとは無関係に人間が生きるのに必要な最低限の衣食住を満たす生活水準以下の層を「絶対的貧困」と呼ぶ。一方で，ある国・地域のなかで平均的な生活レベルを設定してそれと比較してそれよりも著しく低い層を「相対的貧困」と定義している。どちらも貧困を考える上で大切な指標となる。
　相対的貧困は，格差を知る上では重要な指標になるが，格差が10倍あるといっても意味は異なる場合もある。たとえば，ある地域に年収1億円の人が1人，そして年収1000万円の人が100人いたとしよう。この場合，所得は10倍の格差である。しかし1000万円の収入の人が生活に不自由することはないはずである。一方で別の地域には年収1000万円の所得の人が10人と，年収100万以下が100人

いたとしよう。この場合，所得格差は同じ10倍であっても，明らかに先のものとは意味合いが異なってくる。当然ながらここで問題としたいのは，後者の場合の格差問題であり，100万円以下という所得の貧困層の生活問題である。

絶対的貧困では，生活水準が国によって異なるので，貧困ラインも異なり，各国ごとに設定される必要があるが，世界銀行は2008年の購買力平価換算で1日に1.25ドル未満（年間約450〜460ドル＝約4万5千円）で生活する人々を貧困ラインと設定し，それ未満で生活している人々を絶対的貧困層（または極貧層）と定義している。毎年発行されている『人間開発報告書』（*Human Development Report, HDR*）の2000年の指摘によると，2005年で約14億人，世界の4人に1人が絶対的貧困層の状態にあると推定されている。

「日本はアフリカ等の国々に比べれば，貧しいといっても平均購買力1日1.25ドル以上はほとんどの人がある。日本人の貧困層の人は，お米が食べられるだけでもまだましなのだから，我慢せよ。不平を言うのはおかしい」などという乱暴な議論がまことしやかになされているが，これは貧困の意味合いが理解されていないことによる。なぜなら物価，生活水準，文化など国によってまったく異なるなかでのこのような貧困生活の比較は意味をなさないからである。

貧困の原因は何か

ところで，そもそも人がなぜ貧困に陥るか，という素朴な問いに対してこれまで歴史的にもずっと長い間議論がなされてきた。原因には，社会的原因と個人的原因の二つがあるとされる。みなさんはこれをどう考えるであろうか。つまり，貧困になるのは，本人の怠惰などの道徳的問題，それとも，その人の生活している時代と社会制度が原因であると考えるか，である。

実はかつて，歴史的にも貧困の原因は個人か社会かについて激しく論争がなされてきた経緯がある。近年になっても，この点については問題にされつづけている。ただし，それらの論争は直感的な主観的議論で，必ずしも理性的に根拠をよく考えての結論でない場合が多い。

産業革命をなしとげたイギリスでは，以後工業化が進んでいったが，一方で

これに伴い貧富の差が激しくなった。とりわけ大都市ロンドンでは資本家である少数の富裕層と低賃金の労働者，さらには仕事を求めるが得られない失業者などの貧困者で溢れるようになり，それは近代的な社会問題の端緒となっていた。

このようななかで，一人の人物が，貧困の原因について徹底的に調査をした。それは，チャールズ・ブース（Charles Booth, 1840-1916）という造船会社の社長であった。

彼は，ロンドンの貧困地帯を長い年月をかけて大規模に調査をした。そして貧困というのは，当時一般社会で考えられているような飲酒や怠惰などの個人的道徳的原因が主因ではなく，当時はまだ十分に明らかにされていなかった近代的な失業，疾病などの社会的原因であるとした。また，その貧困のメカニズムを明らかにしていった。当時は，主に個人主義的世相と相まって，貧困を多量飲酒や怠惰などの道徳的な欠陥とするいわゆる自己責任論の考えが一般的であった。しかしながら，ブースの綿密な調査の結果はこれに正面から対立し，社会科学的な調査データに基づく客観的な結論を導いた。そして，貧困を資本主義社会の矛盾構造による社会問題として描き出した。彼は生涯をかけて，この調査をまとめ，*Life and Labour of the People in London*（『ロンドン市民の生活と労働』）として公刊した。(1)(2)

彼の調査結果は，そのまま後の社会政策にも応用されていった。大量に溢れる失業などによる近代的な貧困に対して，従来のような個人レベルのボランタリーの対応では不可能であることを示し，後の福祉国家の萌芽としての国家レベルの対策を生みだす一つの契機となった。また，従来の個人の恣意的でバラバラに機能していた慈善団体を，組織化・合理化するという発想が生まれることにもなった。

後にブースの調査を受けて，その追跡的な検証を含めた調査は，ラウントリー（Seebohm Rowntree, 1874-1954）のヨーク調査に継承され，そこでも同様の結果となった。(3)ちなみに，ラウントリーは，先述した絶対的貧困の概念を提唱した人物でもある。

第5章　貧困と人権

　この貧困の原因は，個人か社会かという問題について，筆者の身近なところから説明していきたい。筆者の故郷は福岡県の筑豊である。そこはかつての炭鉱の街として有名なところであるが，生活保護受給率が日本でもっとも高い地域でもある。実はその理由は明らかである。筑豊の人たちが特別に怠惰で，道徳的に退廃しているはずでないことは言うまでもない。ではどういう原因が考えられるのか。それは，明治時代の国家の産業政策に端を発する。この地域は明治政府の後押しで地域をあげて石炭産業に注力した歴史をもつ。その関係で炭鉱労働者がこの地域に一挙に流入し，かつては炭鉱の街として賑わっていた。しかし時代とともに炭鉱産業が消滅したことにより，多くの人が同時に職を失った。この失業問題は今日まで続いている。財政破綻をした自治体として話題になった北海道の夕張市も同様の構造である。

　つまり，近代以前の農業中心の産業の場合，貧困になるのは，干ばつ等の自然災害による不作が大半であり，近代的な産業構造やその矛盾構造から生じる社会問題の失業等はそのようなものとは根本的に様相が異なる。

　すなわち，近代的な貧困問題は，個人の問題というより，総じて言えば，社会，産業，経済構造の矛盾構造により生じた問題であり，貧困者は，その矛盾構造を受けて抑圧された人々であると定義できる。もちろん，個々の問題として，同じ劣悪な状況であっても貧困にならなかったというような場合もあるが，これはあくまで本人の努力が評価されるべきもので，それをすべての人に求めて適用することはできない。

貧困の世代間連鎖

　橘木俊詔は現代日本の格差社会を問題視し，また最近では学歴と親の所得の格差という問題にまで議論をしている[4]。たとえば，東京大学の学生の親の平均年収が1000万円近くあり，国民の平均所得をはるかに上回っているという統計結果にあるように，親の経済的状態がその子どもの高学歴や社会的成功に大きく影響を与えていくことが示された。また親の所得と子どもの学力，学歴の相関関係が明確にあることも近年，調査で明らかになってきた[5]。

こうして，学歴偏重社会の日本では，高学歴により，良い就職先を確保し，より安定した高収入を得ていくことにつながっていく。逆に，親の貧困が子ども時代の学力，そしてそれが学歴に影響することになる。つまり貧困がその人の生きた世代だけでなく，世代を超えていくという「貧困の（負の）連鎖」が問題になっている。特に日本はその格差が世界の先進国と比較しても深刻であり，今日，大きな社会問題となってきている。

これは子どもの福祉を考える上で，重大な問題である。たとえば，ある世帯が一度貧困に陥ると，子どもの教育へかける経済的余裕がなくなり，本人の意思と反して，高校進学が難しく中学を卒業と同時に就職せざるを得なくなる。そうすると将来が展望できる労働条件のよい職場につける可能性は著しく低くなり，本人の意思と希望とは違って条件の悪い日雇い労働など不安定就労を強いられる状況になる可能性が高くなる。その結果，労働条件の悪い長時間の不規則な重労働ゆえに健康も蝕まれ，それが長期的になると病気になりやすいリスクが高くなり，結果的にずっと安定して長期的に働くことができなくなり，失業と貧困状態に陥る可能性がさらに大きくなる。そしてこれが世代から世代へと連鎖していく悪循環ということになる。

たとえば，道中隆の堺市での調査によると，生活保護世帯の25.1％は，その人の育った出身世帯でも生活保護受給の経験をもっており，生活保護における貧困の連鎖が確認された。[6][7]このことは，多くの人が常識的に考えている，子どもの時代は，平等であって誰にも可能性とチャンスはあるというのは半ば幻想であり，明らかにある特定の人たちは生まれた時から，背負いたくもない重い荷物を背負わされて出発することを強いられていることを示している。一方で生まれた世帯によっては，小さい頃から塾通い，習い事で教養を身につけ，高学歴を積んで社会で活躍していく人もいる。

子どもたちがグランドを一周走る競争でいっせいにスタートを切った場面を想像してほしい。確かに横一線でスタートに立ったという意味で平等である。ところが，そう思っていたら，ある子どもは，高性能のランニング専用のスパイク・シューズを履き，そのための適切なトレーニングを専属のコーチから受

け，十分な休養と栄養を与えられて，速く走ることができる状態にあったとしよう。しかし別の子どもは，2，3日食事もまともに与えられず，栄養失調状態で，その上，なぜか50キロの重い荷物を背中に背負わされていて，走る前からフラフラでいたとしよう。勝敗はもうすでに決まっているようなものである。

このような状態で，走って負け，自由競争だから仕方ないと言われたとしたらどう考えるだろうか。あるいは，「こんな不平等なレースやってられない」ということで，途中でレースを放棄したら，その人を非難できるだろうか。勝者が褒められるまでは良いが，負けた人間は本当に勝負に負けたのであろうか。そもそも平等とは何なのだろうか。

実はこれが，今の日本社会の縮図になっているのである。これは，先に示した平等を保障する人権の感覚からすれば実に奇妙でおかしなことである。

貧困問題に対応する生活保護制度

さて，貧困問題に対しては今の日本では，生活保護法が対応することになる。その生活保護の原理は，①国家責任の原理，②無差別平等の原理，③最低生活保障の原理，④補足性の原理，の四つの柱である。①の国家責任の原理は，憲法第25条の2項を反映したものであり，社会保障に対して国家が責務を負うということがこの生活保護法の根幹をなしている。また②の無差別平等の原理は，あらゆる差別を禁止した憲法第14条を反映したものであり，基本的人権の平等権を具体化したものである。③の最低生活保障の原理は，憲法第25条1項の「健康的文化的な最低限度の生活」という条文を意識したものであるが，実際の運用にあたっては，後述することになる朝日訴訟などの生存権裁判にあたってもっとも議論が集中された難題でもある。④の補足性の原理は，生活保護の原理においてもその運用に際して議論されているところであるが，一般的に言うと，生活保護を受給するに際しては，生活保護受給者が，利用できるすべての資産・能力その他あらゆるものを活用しても，なお足りない部分のみ補助，支援するということを定めたものである。

今，日本では200万人を超えるとされる生活保護受給者とそれを税金で賄う

表 5-1　生活保護の扶助の一覧

生活を営む上で生じる費用	扶助の種類	支給内容
日常生活に必要な費用 （食費・被服費・光熱費等）	生活扶助	基準額は，(1)食費等の個人的費用，(2)光熱水費等の世帯共通費用を合算して算出。特定の世帯には加算があります（母子加算等）
アパート等の家賃	住宅扶助	定められた範囲内で実費を支給
義務教育を受けるために必要な学用品費	教育扶助	定められた基準額を支給
医療サービスの費用	医療扶助	費用は直接医療機関へ支払（本人負担なし）
介護サービスの費用	介護扶助	費用は直接介護事業者へ支払（本人負担なし）
出産費用	出産扶助	定められた範囲内で実費を支給
就労に必要な技能の修得等にかかる費用	生業扶助	定められた範囲内で実費を支給
葬祭費用	葬祭扶助	定められた範囲内で実費を支給

出所：厚生労働省公式 HP「生活保護制度」（http://www.mhlw.go.jp/seisakunitsuite/bunya/hukushi_kaigo/seikatsuhogo/seikatuhogo/index.html）（2014年4月1日閲覧）．

国家の財源問題が深刻な問題になっている現状にある。そのことゆえに，一方で，国民の生活保護受給に対する眼差しも厳しい。

　生活保護の扶助の一覧は，表5-1に示すとおり現金給付と現物給付の両面からなり，サービスの内容も多岐にわたる。また生活保護法とは別に，2015年4月より生活困窮者の自立の促進を図るため生活困窮者自立支援法が施行された。これは生活困窮者を生活保護受給に至る手前で自立に向けた支援をするというのが趣旨である。「働きたくても働けない，住む所がない」，などの生活困難者に対して，全国各地域に配置された相談窓口で個別対応をするというのが特徴である。この事業の中身は，自立相談支援事業，就労準備支援事業，住居確保給付金の支給，一時生活支援事業，家計相談支援事業，生活困窮世帯の子どもの学習支援などと多岐にわたり，貧困の悪循環に陥らないように生活困窮者の自立を地域で支援するものとして注目されている。

第5章　貧困と人権

資料5-1　事件を報じる新聞

生活保護辞退し孤独死
北九州市、就労促す

北九州市で10日、市福祉事務所の勧めで生活保護受給の「辞退届」を出した男性が、自宅で「孤独死」しているのが見つかった。失業や病気で暮らせなくなった人を支える生活保護制度をめぐり、市町村が辞退届を書かせるなどして、強引に給付を打ち切るケースが表面化している。「今のやり方を続ければ、悲劇は繰り返される」。格差社会の片隅で、そんな懸念が膨らむ。

亡くなっているのが発見されたのは、北九州市小倉北区で独り暮らしの男性(52)。死後約1カ月とみられる状態だった。男性は昨年末から一時、生活保護を受けていたが、4月に「受給廃止」となっていた。

市によると、「福祉事務所の勧めで男性が『働きます』と受給の辞退届を出したことに対応。だが、男性が残した日記には、「働くこと肝臓を悪くしたが、治療のため同12月に生活保護を申請。事務所から『働ける』と生活保護を廃止され、手持ち金がなく、生活も困窮している」と認定され、月8万円程度の生活保護費の支給が始まった。

後のページには「おにぎり食べたい」と1行だけ書かれていたという。

男性が亡くなっていた自宅。壁や屋根の一部が破れ、電気やガスも通っていなかった＝11日、北九州市小倉北区で、永井真紗子撮影

出所：『朝日新聞』2007年7月12日朝刊（大阪）。

北九州のおにぎり餓死事件

2007年7月10日，北九州市において当時52歳の男性生活保護受給者が市の福祉事務所の職員に「就職した」と報告を「強いられた」として生活保護を打ち切られた結果，「おにぎり食べたい」と書き残して，餓死した事件があった（資料5-1）。メディアでは，「北九州餓死事件」あるいは「おにぎり食べたい事件」などとして世論を巻き込み行政の対応への批判を中心に活発に取り上げたが，この問題は，生活保護問題，国家，自治体という公と貧困ということを考えさせる重大な問題を提起した。

当時，反貧困ネットワークの宇都宮健児，湯浅誠らは，この問題に対して，行政や国家の対応に対して緊急声明を出し，「これはもう『殺人』ではないだろうか」とまで述べ，「生きていける見込みのないまま，放り出されて（廃止されて）いた」ことに対して市の対応の問題点を徹底的に糾弾した。[8]

第Ⅱ部　現代の社会において人権は守られているのか

　行政側もこれに対して反論をした。双方に言い分はあるであろうが，最大の争点は，この男性の「辞退届け」提出が，果たして本当に男性の意思に基づくものだったのか，つまり事実上それは福祉事務所職員に強要されたものではなかったのか。そして，どうして報道されているように男性の日記に不満として（「働けないのに働けといわれた」「おにぎりが食べたかった」）等と記されているのか，という点である。

　このような問題は，これまでも朝日訴訟（後述），近年では，桶川市のクーラー使用問題等と同様に，人が生きる生存権が脅かされ，抑圧されている状況に対して国家がいかにかかわるのかという本書の「社会福祉と人権」そのものにかかわる重大なテーマである。

生存権が争点となった朝日訴訟

　先の北九州の生活保護打ち切りの悲劇的な出来事は，何も今にはじまったことではない。過去に同様のケースがたくさんあった。とりわけ，社会福祉と人権を考える上で重要なものは朝日訴訟である。これは社会福祉界においても重要な歴史的な意義あるものである。

　朝日訴訟とは，1957年，当時国立岡山療養所に入所していた故朝日茂氏が，第Ⅰ部でも触れた日本国憲法第25条に規定する「健康で文化的な最低限度の生活を営む権利」と生活保護法の内容について争い，生存権そのものが正面から法廷で争われた行政訴訟である。朝日氏は，当時，国から月600円の生活保護給付金を受給していたが，それでは，生活が困難であり，保護給付金の増額を求めたが，福祉事務所は，親族（兄）に対し月1500円の仕送りを命じるなどして，朝日氏の要求を拒否した。

　この裁判での最大の争点は，当時の「生活保護法による保護の基準」による支給基準がそもそも低過ぎ，それでは，日本国憲法第25条の生存権に示された「健康で文化的な最低限度の生活」とはかけ離れていることが憲法違反にあたるのではないかという点であった。

　裁判は長い期間を要し，ここでは詳細な点にまで触れることはできないが，

論点と経緯だけを簡単に記すと，第一審の東京地方裁判所は，日用品費月額を600円に抑えているのは「違法」であるとし，裁決を取り消した（原告全面勝訴）（東京地判昭和35年10月19日行裁11巻10号2921頁）。第二審の東京高等裁判所は，日用品費月600円はすこぶる低いが，不足額は70円にすぎず，憲法第25条に違反したとまではいえないとして，朝日氏の請求を棄却した（東京高判昭和38年11月4日行裁14巻11号1963頁）。しかしながら裁判の上告審の途中で朝日氏が死亡（1964年2月14日）したため，結果的に訴訟は終了した（最大判昭和42年5月24日民集21巻5号1043頁）。以上が判決の大きな流れである。

　その際，最高裁判所は，判決に際して，訴訟を終了しながらも，「なお，念のため」として生活扶助基準の適否に関する意見を異例な形で述べた。このため，これ以降，専門家の間では「念のため判決」と言われることもあり，この念のための付記がホットな議論となった。その「念のため」の付記によると，憲法第25条1項はすべての国民が健康で文化的な最低限度の生活を営み得るように国政を運営すべきことを国の責務として宣言したにとどまり，直接個々の国民に具体的権利を賦与したものではないとした。これは，国民の具体的な権利そのものは生活保護法の運用によって守られればよいという後の判決に際して重大な判断を下したことになる。そして「何が健康で文化的な最低限度の生活であるかの認定判断は，厚生大臣の合目的な裁量に委されて」いる，との見解も合わせて表明した。

　そもそも，憲法の第25条規定が，個別の具体的な権利を保障するのでなく，あくまで国の目標と理念を示したもので具体的な権利を規定するものではないというような解釈は，法律学の学説ではプログラム規定説と呼ばれるものであるが，朝日氏の死後に，これは，その是非をめぐって，憲法学，政治学，社会福祉学にあって議論が盛んになり，国民を巻き込む生存権闘争として話題になった。社会福祉学界にあってもこの議論は，公的扶助の具体的な運用ということばかりでなく，社会福祉と国家責任という根幹を揺るがす歴史的にも極めて重要なものとなった。

　いずれにせよ，この裁判の影響により，この判決とは別にして，結果として

表5-2 生活保護の不正受給件数，金額等の推移

年度 平成	不正受給件数 件	金　額 千円	1件当り金額 千円	告発等 件	保護の停廃止等 件
17	12,535	7,192,788	574	9	3,180
18	14,669	8,978,492	612	13	3,679
19	15,979	9,182,994	575	12	3,807
20	18,623	10,617,982	570	26	4,493
21	19,726	10,214,704	518	23	4,549

注：生活保護法施行事務監査の実施結果報告を集計したものである。
出所：厚生労働省公式HP「社会・援護局関係主管課長会議資料(9)」(http://www.mhlw.go.jp/bunya/seikatsuhogo/kaigi/110307-1/dl/03_09.pdf) (2013年10月26日閲覧).

国家や自治体の対応も生活保護基準が改善し，社会保障制度全体の発展に大きく寄与したことは間違いない。

生活保護の不正受給問題

高額所得者であるはずのある芸能人の母親が生活保護を受給していたことで，2012年にメディアを通じてこの話題がスクープされ，世論で「生活保護（の不正受給）」に関心が集中した。議論は必ずしも焦点化されているわけではなかったが，多くは，生活保護受給の受給要件の甘さ，そして不適切な保護受給，あるいは不正受給問題などへと議論が沸騰した。従来からこの不正受給問題は，かなり話題になっていたが，このタレントが，国民の前で神妙に記者会見して詫びる姿勢により，さらに生活保護そのものへの強い関心がもたれはじめ，それに関する国民の厳しい批判へと傾斜していったといえる。

実際，筆者自身も生活保護の問題を毎年講義のなかで取り上げてきたが，その年の生活保護に関しての受講生の受け止め方は，他の年とはまったくといっていいほど違っていた。国民の権利としての生活保護という視点に対しては多くの学生が懐疑的で，生活保護の不正がなぜ暴けないのか，という点に彼らの関心が集中していたのである。

確かに，これらの不正受給問題は，国民の税金からなる貴重な財源を考えると，見逃すことができないポイントであるのは間違いないが，冷静に考えてみ

ると，不正受給の割合は，客観的数値で算出すると，わずか数％であり，それは生活保護問題の本質ではないことは明らかである（表5-2）。一方で，国民が関心を示し，議論をより集中すべきは，貧困問題の抑圧構造と生活保護受給者の自立，就労支援などを国家として，どう考えていくのかの課題であるべきである。[9]

ワーキングプアに比べて生活保護水準は高いのか

さらに，働いても貧困から抜け出せない，といういわゆる「ワーキングプア」の問題は，これらの生活保護問題と密接に絡んできて複雑な様相を呈している。汗水を流して懸命に働きながらも，それでも生活保護受給者以下の所得（生活水準）を得ることができないような生活を強いられている悲惨な実態が盛んにメディアを通じて報道されるようなった。その結果，ワーキングプアの人たちの不満の解消や，労働者の勤労意欲を保つためにも，働いているワーキングプアの生活水準以上の生活保護基準などはあり得ないという論調が国民のなかでかなり浸透してきている。

しかし，落ち着いて考えてみてほしい。世論による生活保護バッシングと，国家財源の逼迫という問題から生活保護の水準の最低限ラインを引き下げていこうとする政府の主張（本音）とが重なると，それは結果的に国民の生活保障の水準をますます低下を招いていく。そして，憲法第25条が定める「健康で文化的な最低限度の生活」レベルがときの政府の解釈によって，恣意的に引き下げられかねないという問題を生み出す可能性がある。

このワーキングプアの生活課題は，生活保護問題との比較論ではなく，社会政策，社会保障，労働政策等の社会全体の枠組みのなかで慎重に議論しなければならない重要なテーマであるのは事実であろう。ワーキングプアの生活水準と生活保護受給者の生活水準の双方が，生活保護の受給額をめぐって「下に引っ張り合っていく」ような論点よりも，ワーキングプアを作り出すような雇用環境，社会環境を断じて許されないような政治と政策自体が必要であり，それを「上へ引き上げる」ような雇用政策の議論に転嫁させ，もっと活発化させた

上で，改めて生活保護の最低の受給金額の在り方について議論するべきである[10]。

　また，現在これらの生活保護そのものにまとわりつくようなスティグマなどの差別意識を廃して，すべての国民に対して同一の額を給付していくというベーシック・インカム（basic income）という革新的な社会保障のありかたが，イギリスやユーロ圏を中心に盛んに議論されはじめている。日本でも「個人の生活と社会の関係，労働とは何か」を根源的に問い直す山森亮らによって，その理論と戦略が紹介されているのは注目に値する。

注
(1) 金子光一（2005）『社会福祉のあゆみ──社会福祉思想の軌跡』有斐閣．
(2) 木原活信（2003）『対人援助の福祉エートス──ソーシャルワークの原理とスピリチュアリティ』ミネルヴァ書房．
(3) 同前書．
(4) 橘木俊詔（2006）『格差社会　何が問題なのか』岩波書店．
(5) 阿部彩（2008）『子どもの貧困──日本の不公平を考える』岩波書店．
(6) 道中隆（2007）「保護受給層の貧困の様相──保護受給世帯における貧困の固定化と世代的連鎖」『生活経済政策──（特集）都市の下層社会』No. 127．
(7) 道中隆（2010）「生活保護受給層の貧困の固定化と世代間継承」『社会医学研究──貧困と社会医学』日本社会医学会特別号．
(8) 「北九州餓死事件に関する声明」（http://www.k5.dion.ne.jp/~hinky/070726seimei.html）（2013年8月1日閲覧）．
(9) 2010年における不正受給件数は，2万5355件。全体に占める率は1.8％であり，金額ベースで見ると不正受給額は128億7425万円で，全体に占める率は0.38％であった。厚生労働省『社会・援護局関係主管課長会議資料(9)　自立推進・指導監査室参考資料3』（http://www.mhlw.go.jp/bunya/seikatsuhogo/kaigi/110307-1/dl/03_09.pdf）（2013年10月26日閲覧）．
(10) 湯浅誠（2008）『反貧困「すべり台社会」からの脱出』岩波書店．

第6章

児童と人権

・・・

　子どもをどうみるか。これは社会にとって重要なテーマである。かつてスウェーデンの思想家エレン・ケイ（Ellen Karolina Sofia Key, 1849-1926）は，1909年に20世紀は「児童の世紀」にすべきだと訴えたが，それから100年が過ぎて，21世紀になった今，果たしてそれはすでに実現したであろうか。

20世紀以前の子どもの人権
　確かに20世紀以前までの子どもへの扱いは劣悪そのものであり，20世紀初頭までは，世界中で幼い子どもに長時間労働などを課していたことがあった。イギリスでも炭鉱鉱山や煙突などの穴の清掃に小さい子どもを活用して「労働」させていた実態などが明らかになっている。
　まさに子どもが教育を受け，保護されるという権利が奪われ，抑圧されていたのである。このようななかで，19世紀末から20世紀初頭にかけてアメリカでソーシャルワーカーの母と言われるジェーン・アダムズ（Jane Addams）が，児童労働の禁止を訴えて，児童福祉の運動を起こして，アメリカの連邦国家の法体系も変えさせることに一時成功した。アダムズが最初，児童福祉にかかわるようになったのは，シカゴのハル・ハウス（Hull-House）のセツルメント（19世紀末にイギリスではじまり貧困地域などの生活改善のため，ソーシャルワーカーやボランティアが，そこに定住して行う地域福祉活動・運動のこと）で，スラム街の近隣の子どもたちへキャンディを配っていたら，多くの子どもがそれに拒否反応を示したことに由来する。よく話を聞いてみると，毎日，早朝から夜遅くまで，学校も行かせてもらえずに，ひたすらキャンディ工場で，労働を強いられてい

た地区の子どもたちは、その匂いを嗅ぐのも嫌だったのである。その後ハル・ハウスでは、改めて、児童労働の実態と反福祉的状況を調査し、それを連邦国家の問題としてとらえ、児童労働禁止の運動を展開することになるのである。[1]

　日本では、富国強兵策として子どもを将来の屈強な兵士に育てるためになどという理由で子どもをいわば特別に扱った時代もあったが、今は、どうであろうか。富国強兵としての兵士の必要はなくなったものの、果たして彼らが本当の意味で幸福を得ているといえるのかというと、いまだ子どもにとっての幸福を保障している社会になったとは言い難い状況にある。なかでも、先述した児童の貧困、貧困の連鎖、そして児童虐待はもっとも深刻な問題の一つであろう。とりわけ日本だけでなく、世界各地で報道されている児童虐待の問題は、エレン・ケイの「児童の世紀」が皮肉にも「児童虐待の世紀」となってしまっているのではないかと思われるぐらい悲しい現状にある。

　それぞれの時代、文化にあって、子どもの幸せがどのように考えられているのか、ということはその社会にとって重要な指標である。この章では、現代の日本において、子どもの権利が守られることはどういうことなのか、特に20世紀末から21世紀の先進国で深刻さを増している児童虐待問題を取り上げ、それがいかに子どもの生活を脅かし、抑圧し、その権利を侵害しているのかについて明らかにしていきたい。そして、今問われる、「子どもの最善の利益」(the best interests of the child) とは何なのかについて明らかにしながら、子どもの福祉に向き合っていきたい。

国際的な基準としての児童の権利に関する条約

　児童の人権に関しては国際的にみると、先に述べた世界人権宣言および国際人権規約の基本理念を受けて、「児童の権利に関する条約」(Convention on the Rights of the Child) を締結し、日本もこれに批准している。そこでの児童の定義とは、日本の児童福祉法と同じく、18歳未満の者であり、その権利について54条からなる条文で詳細に定めている。名称は、「子どもの権利条約」、「子どもの権利に関する条約」とも呼ぶことがある。

第6章　児童と人権

　この児童の権利に関する条約は，1959年に採択された「児童の権利に関する宣言」の30周年に合わせて1989年国連総会で採択された国際条約であり，法的拘束力をもつものである。それは1990年に発効し，日本国内では1994年から実際の効力が発生して今日に至っている。つまり，日本でも単に理念としてではなく，法的な拘束力をもつものとして機能しているのである。

　この条約の大きな特徴は，従来の発想であった大人からみた受け身の保護されるべき子ども観という観念を廃して，「子どもの最善の利益」を最重要視し，「保護の対象」としてではなく，「権利の主体」として子どもを位置づけている点である。これは先述した国際人権規約で認められている諸権利の対象を児童についても拡大解釈しているといえる。さらに子ども自身の自らの意見表明権や遊び・余暇の権利などの権利がこの条文には盛り込まれており，児童の人権尊重や権利の確保に向けた詳細で具体的な事項を規定している。

国内において子どもを守る児童福祉法

　さて，国際的な基準とは「児童の権利に関する条約」において，18歳未満を「児童」と定義し，その権利を定めている。日本では，これらの児童の健全な育成と福祉を実行する根拠法として，1947年成立の児童福祉法がある。障害のある18歳未満の児童については，障害者福祉法ではなく，児童福祉法が適用されるので注意が必要である。これは，児童はある特定の対象ではなく，すべての人に共通するゆえである。

　ところで，「私は福祉の対象ではない」，というような発言を聞くことが多いが，果たしてそうであろうか。そういう人は，保育所（園）を利用したことはないのであろうか。あるいは児童手当の対象にはなったことがないのであろうか。もしくは児童遊園（児童福祉法第40条）を利用したことはないのであろうか。実は児童福祉法はその健全な育成のために18歳未満のすべての児童を，対象としている。この本を読んでいる読者が18歳未満であれば，例外なく児童福祉法の対象として守られていることになり，また18歳以上の人は，かつて児童福祉法によって保障されてきたのである。その意味において児童福祉法はすべての

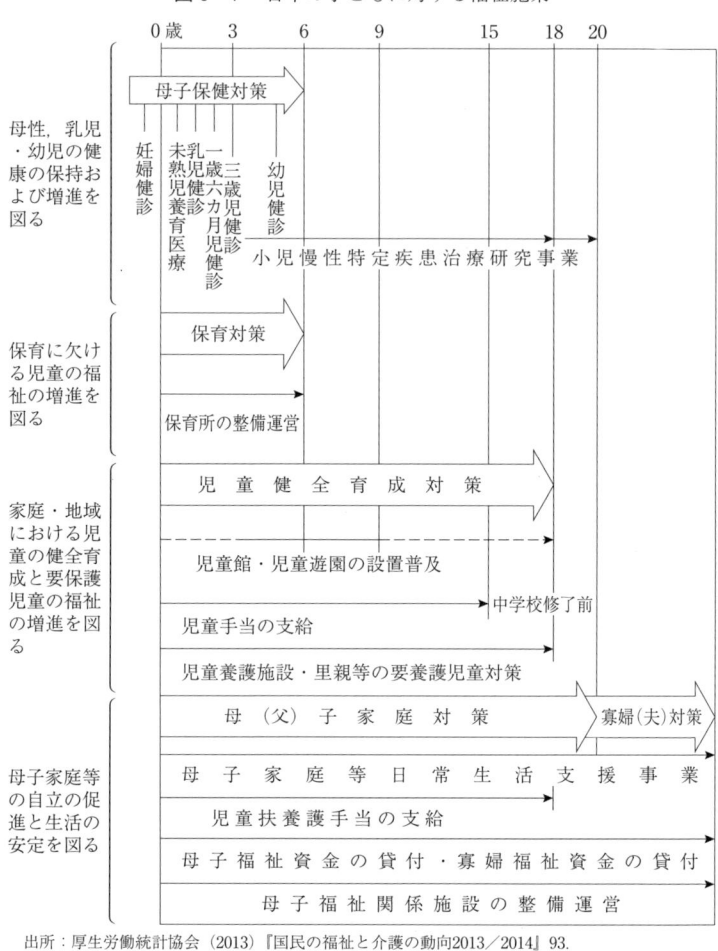

第Ⅱ部　現代の社会において人権は守られているのか

図6-1　日本の子どもに対する福祉施策

母性，乳児・幼児の健康の保持および増進を図る	母子保健対策（0歳～6歳） 妊婦健診／未熟児養育医療／乳児一カ月児健診／三歳児健診／六カ月児健診／幼児健診 小児慢性特定疾患治療研究事業（～18歳）
保育に欠ける児童の福祉の増進を図る	保育対策（3歳～6歳） 保育所の整備運営
家庭・地域における児童の健全育成と要保護児童の福祉の増進を図る	児童健全育成対策（3歳～15歳） 児童館・児童遊園の設置普及 児童手当の支給（～中学校修了前） 児童養護施設・里親等の要養護児童対策
母子家庭等の自立の促進と生活の安定を図る	母（父）子家庭対策／寡婦（夫）対策 母子家庭等日常生活支援事業 児童扶養護手当の支給 母子福祉資金の貸付・寡婦福祉資金の貸付 母子福祉関係施設の整備運営

出所：厚生労働統計協会（2013）『国民の福祉と介護の動向2013／2014』93.

子どもが対象であるということができる（図6-1）。

深刻な人権侵害である児童虐待

　先の児童の権利条約の条文をみても，子どもには様々な権利があり，またその健全な発達を社会全体（国家）が保障していく義務を負っていることが約束

されている。それにもかかわらず，今，日本の児童福祉のなかで，もっとも深刻な子どもへの権利侵害の一つとしてとらえられているのが，児童虐待である。

児童虐待を最初に定義し，その展開がもっとも進んでいるアメリカの定義によると，それは「親または養育者による作為または不作為（commission or omission）によって，児童に危害が加えられたり，その危険にさらされたりする可能性や，その脅威のこと」となっているが，これは児童の人権の侵害と抑圧以外の何ものでもない。

日本の児童虐待防止法では，「児童虐待」を，「保護者がその監護する児童に対し，次に掲げる行為をすること」と定義し，虐待にあたる行為を四つに分類している。①身体的虐待，②性的虐待，③ネグレクト，④心理的虐待，の四つである。教育，しつけの一環で上記のことを行っているという理由は通用しない。

① 身体的虐待

身体に痛みと苦痛が生じ，また外傷を生じるおそれのあるような暴行を加えること。その具体的行為とは殴る，蹴る，叩く，火傷を負わせる，などがこれにあたる。身体的外傷がなくとも寒い冬に薄着で戸外に締め出す，あるいは暑い夏に部屋に閉じ込める，などもこれにあたる。

② 性的虐待

児童への性的暴力のことである。児童を性的対象にしたり，性器や性交を見せつけたり，性的行為を強要することもこれに含まれる。

③ ネグレクト（育児放棄，監護放棄）

児童の正常な発達を妨げるような著しい減食，あるいは食事を与えない，あるいは長時間なにもケアせずに放置すること。病気であるのに適切な医療機関に受診させない，乳幼児を暑い車内へ長時間放置する（パチンコに夢中で車に放置された乳児が死亡した事件もあった），不潔なまま放置する，通学させないなどがこれに含まれる。

④ 心理的虐待

児童に著しい心理的外傷を与えるような言葉による暴力を行うことである。

児童の健全な発育を阻害するような一方的な恫喝などである。きょうだい間での著しい差別的処遇，「兄はいい子なのに，弟のおまえはできそこない」などの言動。あるいは「おまえなど生まれてこなければよかった」などというその子どもの全人格や人間性の根幹を否定するような暴言を吐くこと。

　これらの虐待行為は，当然ながらどれ一つもあってはならない許されない大人による非道の人権侵害行為であり，世界人権宣言や児童の権利条約に謳う子どもの人権の根幹を揺るがすような人権蹂躙である。しかもその爪痕はその子ども時代のみならず，その後の子どもの人生に深い心の傷を残してしまう。恐ろしいことには，今の日本ではこれがまれな出来事というよりは，むしろ「普通の家庭」で日常茶飯事化してしまっている現実がある。

　厚生労働省によると，2012年において虐待件数は，5万9919件である。正確にいうと，この件数は密室化されていたものが「発見された」悲劇であり，あくまで実態はもっとたくさんの虐待があり，残念ながら氷山の一角であるということになる。また悲劇的なことに，2011年で45名の子どもたちが，児童虐待によって命を絶たれる「虐待死」という痛ましい状況にある。

　こう考えるのなら，この世紀は先述したエレン・ケイの「児童の世紀」とは程遠い状況にあるということである。ただし「虐待が急増している」というような報道がメディアを通じて盛んに流れているが，これはある面正しいが説明が必要である。虐待が増加しているのではなく，もともとあった虐待が通報等のしくみが確立していったことにより発見しやすくなっていっているということになる。

児童虐待への対応

　それでは，このような虐待にどのような対応をすべきなのであろうか。虐待された児童の救済，保護，支援のセンター的役割をするのは，児童福祉法に定める児童相談所である。この児童相談所では，虐待が疑われたり，近所の市民等からの通報等があると，専門家である児童担当のソーシャルワーカー（児童相談所では「児童福祉司」という名称を使う場合が多い）がその状況を速やかに調

査し，親に対する助言・指導を行ったり，当該児童に必要な医療措置，心理的ケアが受けられるよう社会資源を活用して支援をする。その後の家族や児童の状況を十分にアセスメントして，元の家庭に戻すか，あるいは親元から隔離して，児童養護施設に入所させ，被害にあった子どもを一時的に保護するなどの措置を行う。しかし，現在，児童相談所も，増加しつつある児童虐待に対して，専門的な職員不足等で十分に対応しきれていない現状にあり，また，生活の受け皿となる児童養護施設も増加する虐待数と年々深刻化する困難事例に悲鳴をあげているのが現状である。

　そう考えると，今後は，むしろ，虐待を未然に防ぐ方策が急務であり，予防的に家族機能そのものを強化したり，特に育児ストレスにある母親を地域から孤立させない，子育て支援を地域全体で行うなどの，より予防的かつ総合的対策が有効であるとされている。

　また，欧米では，日本にあるような大規模な児童養護施設の機能はほぼなくなり，より家庭的な5，6人からなるグループホームが中心となり，あるいは里親制度が普及して，一般家庭に里子として引き取られて，家庭に近い生活をすることが主流になりつつある。前の章で述べたノーマリゼーションの思想によって，子どもにとっての最善を考えるのなら，機能面は整っているが特殊な環境である専門的な施設よりも，地域のなかでより家庭に近い形で養育されていくことがのぞましいという発想がそのベースにある。

　日本では，施設とは独立したグループホーム制度はまだ十分に機能しておらず，また里親や養子縁組制度は少しずつ広まってきているが，十分に社会に浸透しておらず，これからの児童の健全な受け皿としての課題を残している。

　また，日本においては民法上の親権が強く，それが虐待を受ける子どもを保護することの一つの壁になっている。欧米では，不適切な親であると判断されれば，一時的ではあっても，公権力が親権を一端停止して，それを剥奪することが容易であるのに対して，日本ではそれが困難で親権の壁というものが立ちはだかっている。これらも2011年の法改正により少しずつ改善していこうとしているが，この分野の先進国カナダなどのような児童の権利を前面に出す状況

には至っておらず未だ親権等の課題が残っている。

　また，児童相談所に虐待支援の窓口機能が集中しているため，あまりにも多い虐待への対応ができない状態になっている。とりわけ虐待問題を的確に扱うことのできる専門家の不足も深刻である。

　このようにたくさんの課題を抱えているとはいえ，いずれにしても，児童の権利条約にあるような「子どもの最善の利益」の観点で，子どもの抑圧状況を解放し，人権蹂躙の状況を一刻も早く止められるような社会体制を構築することが急務である。

注
(1)　木原活信（1998）『J. アダムズの社会福祉実践思想の研究——ソーシャルワークの源流』川島書店.

第7章

障害と人権

・・・

　ここでは，障害と人権について考えていきたい。そもそも，障害といえば，体の障害をイメージされることが多いが，障害には，身体，知的，精神，あるいは近年では，発達障害含めて，多岐にわたっていることをまず知る必要がある。一見してもその人に障害があるかどうかわからないような場合も多く注意が必要である。

　エレベーターでの出来事である。ある「元気そう見える」男子学生がそれを利用しようとしたところ，年配の女性に，エレベーターの前に掲げてある「注意事項」をもとに「障害者やお年寄りのためなので，できれば若いあなたは健康のためにも遠慮してほしい」とていねいではあったが「注意」を受けた。ところがその男子学生は実は心臓にペースメーカーを入れていて，どうしてもそれを利用する必要があったことを告げるとその女性は平謝りした。その学生は，このようなことは例外的で，むしろ何も言われないことがほとんどで，逆に無言の冷たい視線を感じてきた。それよりは却ってよかったと言っていたが，なんとも後味の悪い瞬間であった。この場合，この学生は，一見するとわからないが，身体障害（内部障害）があったのである。

　このように様々な障害があり，それぞれの障害には個別の特殊なニーズがある。国際的な障害に関する人権の動向，国内の障害に関する根拠法も，それぞれの障害のニーズは別個のものであるが，体系としては一体のものとしてとらえていこうとする考えが主流になりつつある。それに沿って以下では，まず障害と社会をめぐる枠組みとしての全体像をとらえた後で，個別の障害の領域について具体的に説明をしていくこととする。

なお、近年「障害」という記載については「害」という漢字が、当事者にとって差別の助長につながりかねないとのことで、「障害」ではなく、「障がい」、「障碍」などの表記がされることがある。しかし、本書では国内の障害者福祉法はじめ、その根拠法の記載に沿って説明していくことが多々あるのでそのまま「障害」と記載している。

障害とは何か

さて、ここで身体に障害のあるＡさんの例を通して障害というものをどのようにとらえるのかについて考えてみよう。

Ａさんは、足が不自由なため車イスを使って生活している。Ａさんは、ある行事に参加するために、電車を使ってその場所に行こうとしたが、その最寄りの駅は無人駅であり、エレベーターその他が備えていなかったので、結局そこに時間どおり行くことができなかった。現在ではこのような障害者にとっての劣悪な環境は少なくなってきているが、この場合、大きく分けて障害に関して以下に示すような二つのとらえ方が考えられる。

①　Ａさんが目的を達成するために会場にいくためには、移送のために支援者を頼む、などして、自力でなんとかする等の工夫を自分で考えるべき。いずれにしても、Ａさんが何らかの工夫と努力をしてそれを自分で克服することが必要だ。

②　Ａさんが行事に参加できないのは、駅にエレベーター等の設備がないためであり、行政または鉄道会社は、エレベーターを設置するか、その他のあらゆる手段でＡさんが利用可能なように配慮する義務を負う。

この場合、前者①は、障害は障害当事者の個人レベルの問題に還元され、障害の克服は個人の努力によるという発想法である。その対応としては医療やリハビリテーションが主軸になる。これを障害の「個人モデル」（あるいは医学モデル）と呼ぶ。それに対して、後者②は、「社会モデル」と言われるもので、「障害」をつくっているのは、実は個人ではなく、社会の側であり、それを克服するべき責任は社会の側にあるという発想である。

今日，この二つの障害観が入り混じっているのが，現代の日本である。自己責任論は日本人になじんでおり，その結果，障害のある人は大切にされたとしてもどちらかというと「憐みの対象」のように扱われたり，保護の対象とされたりしてしまう。「障害を乗り越えて……」という克服型のストーリーは好意をもって受け入れられ，それに感動する人は多い。「障害を乗り越えて」芸術家になった等の人々に耳を傾け賛辞を贈るが，当の自分の側の努力や社会の側の責任と義務については眼中にはない。

これに対して社会モデルでは，障害者は自らのことは自らで決めていくという自立した主体者であるという発想がその根底にある。社会モデルは，世界的にはオリバー[1]，日本では杉野昭博[2]，立岩真也[3]などが障害者の当事者運動のような視点でその声を代弁した形でアカデミック界でも主導され，また障害学会も基本的にこの発想を支持して近年急速に広まった。今日では，先述したグローバル基準での国連の障害者の権利に関する条約においても，これらの発想法の影響が見られていることからもわかるように，説得力のある思想として受け入れられている。むしろ市民的常識がこれについていっていないというのが実際のところであろう。

国際的な基準としての障害者の権利に関する条約

障害者の権利に関する条約（Convention on the Rights of Persons with Disabilities）は，身体障害，知的障害および精神障害等のある人の尊厳と権利を保障するための国際的な人権条約のことである。この条約は2006年に国連総会において採択された（2008年5月3日に発効）。2013年8月で批准国は133か国であり，日本も諸事情で遅れることになったが，2014年，ようやく批准した。そして，2016年4月より障害者差別解消法（障害を理由とする差別の解消の推進に関する法律）が施行されることになった。

この条約の特徴は，世界人権宣言に由来する国際的な人権条約に基づく人権の視点が濃厚であるという点である。従来の国内のリハビリや福祉に関する法律と比して，保護的観点というよりは，障害当事者の主体的視点を反映させた

条約であることが一つの特徴である。そして、重要な点は、障害の社会モデルの視点と思想がある程度、受け入れられた条約であることである。世界では障害のある人の多くが、合理的理由もなく人権を侵害され、それぞれの地域環境のなかで抑圧を強いられ、差別状態にあり、また結果的に個人個人が貧困状態に陥りやすい可能性が高い状況におかれている。特に障害のある女性（女子）は家庭内外での暴力、ネグレクト、搾取等の深刻な人権侵害状態にさらされやすいという実態がある。当事者の置かれている厳しい実態と現状分析を踏まえた上、それらを解決することは、社会に属する個人一人ひとりの責務と義務である。

その際に、条約では「合理的配慮」（reasonable accommodation）を明示している。ここで言う障害のある人に対する「合理的配慮」とは、障害当事者の基本的人権を守られるように、支援する側は、「均衡を失した又は過度の負担」を課されない限りにおいて配慮や調整を行うということである。

「我々のことを我々抜きで勝手に決めるな！」（Nothing about us without us!）という障害当事者運動が掲げたスローガンもこの条文全体に反映され、障害当事者の自己決定権の重視や、雇用、医療を受ける機会も含めた生活場面における差別禁止、障害があることに起因する隔離や孤立の防止、そしてあらゆる状況における社会参加の権利、などが記載されている点は高く評価できる。21世紀の人権思想の重要な条約の一つだといえる。

ICFによる障害の定義

2001年、世界保健機関（WHO）総会において、新しい障害の分類法が確定した。それは、国際生活機能分類（International Classification of Functioning, Disability and Health）という画期的な分類方法である。その英語表記の頭文字をとって、一般にICFと呼んでいる。

これに先立ち、1980年に作成されたWHOの国際障害分類（ICIDH）は、当時の時代状況と障害者のおかれた世相を反映して、どちらかというと障害を個人モデルや医学モデルの障害観でとらえ、障害そのものをネガティヴにとらえ

第**7**章　障害と人権

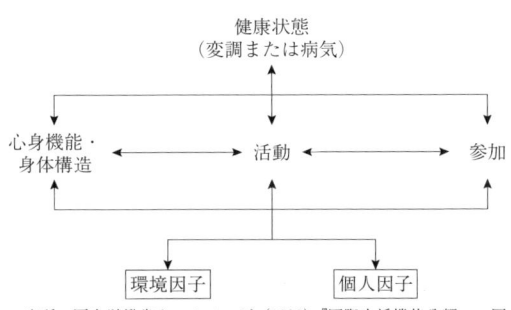

図7-1　ICFの構成要素間の相互作用

```
            健康状態
        （変調または病気）
               ↕
   ┌───────────┼───────────┐
   ↕           ↕           ↕
心身機能・ ←→ 活動 ←→    参加
身体構造
   ↕           ↕           ↕
   └───┬───────┴───────┬───┘
       ↕               ↕
    環境因子         個人因子
```

出所：厚生労働省ホームページ（1992）『国際生活機能分類——国際障害分類改訂版』（http://www.mhlw.go.jp/houdou/2002/08/h0805-1.html）（2013年10月26日閲覧）.

ていた。つまり障害の社会的不利に主眼をおき，障害によって失われたマイナス面（欠損部分）を軸に分類するというような発想法であった。

これに対して，新しい分類法であるICFは，社会モデル的発想法の影響を受けて障害をとらえ，何よりも人権尊重を意識して，社会へ参加するという前提にたって作成された。そして欠損部文を見る医療面よりは生活機能というその当事者がいかに積極的に社会に参加するかというプラス面からみるような視点に転換した。これまでになかった視点として，参加を受け入れる社会の側の環境因子等を加えた。そして障害当事者がいかに活動に主体的に参加するのか，ということがもっとも重要な視点となった。

ICFは，人間の生活機能と障害について「心身機能・身体構造」「活動」「参加」の三つの次元および「環境因子」等の影響を及ぼす因子で構成されており，それが約1500項目に分類されている[4]。ICFの構成要素に関しては，以下のように定義されている。また，その相互作用の関係は図7-1を参照。

健康との関連において

　心身機能（body functions）とは，身体系の生理的機能（心理的機能を含む）である。

　身体構造（body structures）とは，器官・肢体とその構成部分などの，身体の解剖学的部分である。

表7-1 障害に関する日本の根拠法

障害	法律（制定年）
身体障害	身体障害者福祉法（1949年）
知的障害	知的障害者福祉法（1960年）
精神障害	精神病者監護法（1900年）→精神衛生法（1950年）→精神保健及び精神障害者福祉に関する法律（1995年）
三障害統合	障害者自立支援法（2005年）→障害者総合支援法（2013年）
発達障害	発達障害者支援法（2005年）

注：法律名は略称を含む。

機能障害（構造障害を含む）(impairments) とは，著しい変異や喪失などといった，心身機能または身体構造上の問題である。

活動（activity）とは，課題や行為の個人による遂行のことである。

参加（participation）とは，生活・人生場面（life situation）へのかかわりのことである。

活動制限（activity limitations）とは，個人が活動を行うときに生じる難しさのことである。

参加制約（participation restrictions）とは，個人が何らかの生活・人生場面にかかわるときに経験する難しさのことである。

環境因子（environmental factors）とは，人々が生活し，人生を送っている物的な環境や社会的環境，人々の社会的な態度による環境を構成する因子のことである。

日本における障害者への支援

これまで説明をしてきたような障害観などを基に，日本では障害者をとりまく環境に対してどのような法律がありそれが根拠となっているのだろうか。ここでは，日本の障害に関する根拠法を整理しておきたい。表7-1に示されるように，日本の障害者の福祉の根拠法は，成立順に身体障害者福祉法（1949年），精神薄弱者福祉法（後の知的障害者福祉法）（1960年）がこれに続き，この二つの法律は福祉六法のなかに含まれている。

社会福祉六法ではないが、精神保健及び精神障害者福祉に関する法律（以下、精神保健福祉法）も重要な法律である。精神障害者の福祉は、差別的処遇の元凶とも言われる1900年の精神病者監護法から現在の精神保健福祉法までの変遷があり、これらの身体障害、知的障害、精神障害の三障害を総合的にみていこうとする障害者自立支援法が2005年（現在の名称は障害者の日常生活及び社会生活を総合的に支援するための法律（以下、障害者総合支援法））に成立した。また2005年にはこれらに加えて新たに発達障害者支援法が成立した。

　以下では、それぞれの障害の法制度を中心に論点を絞って整理していきたい。

身体障害者への支援

　身体障害者への支援の根拠法は、身体障害者福祉法（1949年）に基づいて行われる。意外と知られていないのが、障害を規定するその対象の広さである。その対象となる障害とは、①視覚障害、②聴覚障害・平衡機能障害、③音声・言語障害（咀嚼障害を含む）、④肢体不自由、⑤心臓・腎臓・呼吸器・膀胱・大腸・小腸・免疫等の内部障害の5種類に大別される。特に⑤の内部障害についてはあまり知られていないこともあり、留意すべきである。先述した男子学生の例にあるように心臓にペースメーカーを入れている場合などは周囲からは理解されにくい。

　対象者には、身体障害者手帳が交付される。手帳には1～6級の等級があり、等級は、数字が小さいほど障害の程度が重度であり、1・2級を「重度」、3・4級を「中度」、5・6級を「軽度」と分類している。

　ここで障害（社会福祉の支援の対象）と疾病（医療の治療の対象）の関係について説明しておく。脳梗塞を例にとると、脳梗塞自体は一つの疾病（症状）であり、その症状自体は、社会福祉でいうところの支援の対象ではない。あくまで医療の治療対象である。そのあと、手術等で脳梗塞の治療が終わったが、後遺症が残り、下半身が動かなくなったとする。そうすると治療は終わっているが、リハビリテーションが必要になる（実際、病院内では治療とリハビリは同時並行的に進んでいる場合が多い）。それを終えても、その後遺症によって肢体に機能的

な障害が残り，生活上不都合がある場合，社会福祉の領域（障害）となり，身体障害者福祉法の支援の対象となる。

なお，児童福祉のところでも述べたが，身体障害者福祉法は原則として満18歳以上が対象であり，18歳未満の障害は「障害児」として児童福祉法に基づいてサービスが行われている。これは知的障害の場合も同様である。

身体障害児・者の人権侵害の例として，もっとも深刻なものの一つはナチスによる，障害者抹殺であろう。これは極めて特異で悲惨な例である半面，一方で，「健常」と「障害」という境界をもとに起こった恐ろしい人権侵害の型であり，現代の日本でも決して無関係とはいえない。

事実，日本でも障害者差別解消法が施行された同年2016年7月に史上稀にみるような人権蹂躙となる惨事が起こってしまった。「相模原障害者殺傷事件」と呼ばれるこの事件では，重度の障害者施設で，元介護職員が19人の障害者を殺害したほか，26人に重軽傷を負わせた。現在でもなお，真相解明中であるが，加害者は「ヒットラーが降りてきた」などと犯行動機を供述している。また計画的犯罪であったことがわかり，関係者に衝撃を走らせることになった。この事件については，徹底的な真相解明が求められるが，同時に現代の日本の障害者福祉と人権について抜本的な見直しと，その対策が急がれることになっている。

当時ヒットラー（Adolf Hitler）が主導して行ったとされる「毒ガス」による「安楽死」の名を語る抹殺は，当時，T4作戦（Aktion T4）と言われる計画により実施されたナチス・ドイツにおいて優生学思想に基づき行われた「安楽死」政策のことである。これによって，ユダヤ人だけではなく，実は多くの障害者たちが犠牲になったということは福祉関係者の間でも意外と知られていない。つまり，ここで取り上げている身体障害者，知的障害者，精神障害者がその標的とされ，その抹殺の対象となったのである。その他，マイノリティであった同性愛者，当時の新興宗教の信者たちなども含まれていた。

この期間中の犠牲者の総数は，一部資料に残されているだけでも7万人に達し，その後も継続された政策により，20万人以上が犠牲になったと言われている。[5]

第7章　障害と人権

　ナチスによる横暴な「悪魔的」な殺戮であるが，本当に恐ろしい点は，これは「純粋なるアーリア人国家を建設すること」という名目で，当時の市民の同意がそこにあったということである。しかもこれは遠い数世紀前の話ではなく，まだ生き証人もいるほどの身近な話なのである。もちろん，カトリック教会やプロテスタントの牧師等の宗教家の一部の良識ある市民たちが必死に抵抗したことも事実であるが，しかし総じて当時の国民の大多数は黙認か，ナチスに扇動されて結果的にこのような恐ろしい殺戮に加担したのである。少なくともヒットラーの幻想であった「純粋なるアーリア人」という誤った差別意識に共鳴してしまったのであり，その誤った基準による「純粋でない人」，「アーリア人でない人」を排除し，殺戮へと追いやったのである。この思想こそ，反福祉，反平和の象徴である。

　さらに近年，このドイツだけでなく，豊かな福祉国家の代表格である北欧の国々，デンマーク，フィンランド，スウェーデンでも，約100年にわたって障害者に対する避妊手術や結婚規制があったという事実が判明した。そうなると，これらの北欧の諸国がこの間に築き上げていった今日の福祉国家とはそもそも誰のためのものだったのかを改めて考えさせられる。それは現代という時代が，「障害」をめぐる排除と人権蹂躙の典型的な時代であったということを認めざるを得ない歴史的証拠でもある。

　実は，このヒットラーの抱いた恐ろしい「純粋なるアーリア人」の幻想は，今も亡霊のように，「健常者」幻想として障害のある人々への差別意識として存在している。このような意識は，その時代とナチスの抱いた特異なものだけであると思いたい半面，一方で「健常者」幻想は，差別意識として表出する恐ろしさのあることを謙虚に自戒する必要がある。健全，健常，強さを美徳とするような「健常者」社会の意識には，「純粋なアーリア人」と叫んだナチスと何か共通のものを感じる。多数派や優生保護の名のもとに，私たちの身近に今起こっていることがらについての検証が必要であろう。それは本書で繰り返し述べてきた「傷つきやすく抑圧されている人びと」の社会的排除そのものであるので，決して容認することはできない問題なのである。

第Ⅱ部　現代の社会において人権は守られているのか

知的障害者への支援

　知的障害（Intellectual Disability）とは，通常，①知的機能に問題，制約があること，②適応行動に問題，制約を伴う，③先天的あるいは発達期に生じる，の3点が主な特徴であるが，よりわかりやすく言うと，読み書き・計算などができない（苦手），日常（学校）生活で知的能力を使う活動に支障があるものとして理解されている。あるいは知能指数（IQ）70以下でそれによって生活上支障のあるもの，という理解もあるがIQ指標だけでは十分に計れない部分もあり，知的障害の定義については課題となっている。

　かつては，法律の名称自体に「精神薄弱」という語が使われていたが，1998年に法改正があり，精神が「薄弱」であるということは実態とは異なり，また差別助長になりかねず，機能面を重視して名称を「知的障害」に変更した。

　知的障害者の福祉に対しては知的障害者福祉法（1960年）が根拠法となる。『障害者白書』（平成21年版）によると，このサービスの対象となっている日本の知的障害者数は約55万人（在宅者約42万人，施設入所者約13万人）である。対象者には，療育手帳が交付され，各種料金の免除などの特典が与えられる。（自治体によって，「愛の手帳」や「緑の手帳」などの名称の場合もあるが意味内容，サービスは同じである）。

　歴史的にみても，知的障害者は差別と偏見の対象としてみられ，著しい人権侵害状況にあった。先に述べたナチスの虐殺にあっても真っ先に犠牲になった人々であり，まさに「傷つきやすく抑圧されている人びと」であった。近代になってこのような差別状況は徐々に改善してきているが，まだその途半ばである。

　日本の歴史では，このような人々に対する福祉サービスは石井亮一・筆子夫妻によってはじめられた。1891年に女の子の孤児を引き取って聖三一孤女学院として養育をしていたなかに2名の知的障害児がおり，石井は特に，その障害のある子どものために1897年に滝乃川学園を創設した。これが日本初の知的障害児の福祉施設となり，日本における知的障害児・者福祉の先駆である。

精神障害者への支援

　精神障害（Mental Disorder）は，国際的にアメリカ精神医学会が定めたガイドライン DSM（Diagnostic and Statistical Manual of Mental Disorders）や，先述した WHO の示す診断基準 ICD-10 でその病気の定義，詳細の分類がなされている。その DSM-IV や DSM-IV-TR の前文で，「どのような定義によっても『精神障害』の概念に正確な境界線を引くことができない」と述べるようになおその診断と分類には曖昧さが残ることを認めていることも重要である。精神障害の場合，「病気」という過度なカテゴリー化はかえって，その対象者への偏見を助長し，また混乱を招くことがあるので注意が必要である。

　精神障害者の福祉に対しては，精神保健及び精神障害者福祉に関する法律（1950年）（以下，精神保健福祉法）が根拠法となる。

　精神保健福祉法では，「統合失調症，精神作用物質による急性中毒又はその依存症，知的障害，精神病質その他の精神疾患を有する者」（第5条）と述べているが，これは，鬱（うつ）病や躁鬱病などの気分障害（感情障害）が，その他の分類でしか記されておらず，実際に則して統合失調症とともに明記すべきであるとの指摘がある。なお，知的障害もその対象としているが，本書では，先述したように別にしている。

　日本では，うつ病等に対して誰でもかかる「心の風邪」というキャッチフレーズで，理解を求めた政府の広報等が功を奏したこともあって，精神の病に対する理解が少しずつ進んできている半面，未だ根拠なき精神障害者に関する偏見は根強い。たとえば精神障害関連の病院，施設を地域に作ろうとすると社会防衛思想に基づくような近隣地域と「施設コンフリクト」があり，建設を反対されることはめずらしくない。また，偏見に基づく就職・結婚差別もあり，これらが当事者の人権を著しく侵害していることが深刻な問題である。

　歴史的に日本は，精神障害者の処遇に関して隔離収容の長い暗い歴史をもつ。京都の岩倉村におけるコミュニティケア的処遇など一部例外はあるものの，精神に障害のある者を家に設けられた座敷牢に押し込めて隔離していた時代が長くあった。そして精神病院法成立以後生まれた近代的な精神病院の場合でも長

期的入院を前提にした非人道的処遇を繰り返していた。「わが国十何万の精神病者はこの病を受けたるの不幸のほかに，この国に生まれたるの不幸を重ぬるものというべし」(6)という精神科医の呉秀三の表現は，日本が精神に病を持つ人々に対して，どれほど根拠なき偏見を抱き，差別をし，また厳しい眼差しを向けてきたのかを如実に物語った象徴的な表現でもある。これは先述した社会的包摂とは真逆の実態であり，文字通り社会的排除の対象そのものであった。

1970年には，患者のふりをして潜入した朝日新聞記者大熊一夫氏が『ルポ精神病棟』（1973年）を書き記した。そこで，日本の当時の一部の精神病院が，その看板とは裏腹に治療やケアするところでなく，刑罰の対象であるかのようなまさに「監獄状態」であるという実態をセンセーショナルに明らかにした。多くの人が高度経済成長と経済繁栄で生活を謳歌する時代に，隠蔽された闇の閉鎖社会をジャーナリストの眼差しで克明に暴きだし，人権蹂躙の実態を世界に知らせるきっかけとなった。

この大熊の「告発」以降，世界の人権団体の注目するところとなり，抜本的な改革を迫られ，日本の精神病院は患者の人権が配慮されるようになっていった。しかし，依然改善がなされていない病院もあった。特に1983年に病院の看護職員らの暴行により，患者2名が死亡した「宇都宮病院事件」を機に，反人権的で，閉鎖的な日本の精神病院の実態が明るみに出た。

この「事件」をきっかけにして，国連人権委員会などの国際機関が，日本の精神医療の現場にある根深い人権侵害を問題化し，日本の精神医療全般および日本政府を厳しく批判した。こうして国連という外部の「圧力」を受ける形で，1987年に精神衛生法が改正され，精神保健法（現在の精神保健及び精神障害者福祉に関する法律）が成立し，精神障害者本人の意思に基づく任意入院制度が新設されることとなった。

これは国連などの国際的な人権水準やその要求により，一つの国家の人権意識が試され，また批判され，そしてその指摘により，法律を含めた改革が実行され，福祉の処遇が具体的に改善されたという典型的な例となった。ただし，図7-2，7-3に示すように，世界の精神保健の趨勢が入院治療ではなく，地

第7章　障害と人権

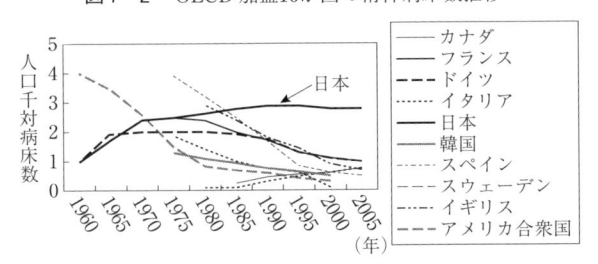

図7-2　OECD加盟10か国の精神病床数推移

出所：DINF（障害保健福祉研究情報システム）HP（http://www.dinf.ne.jp/doc/japanese/law/promotion/m7/siryou04.html）（2014年4月1日閲覧）．

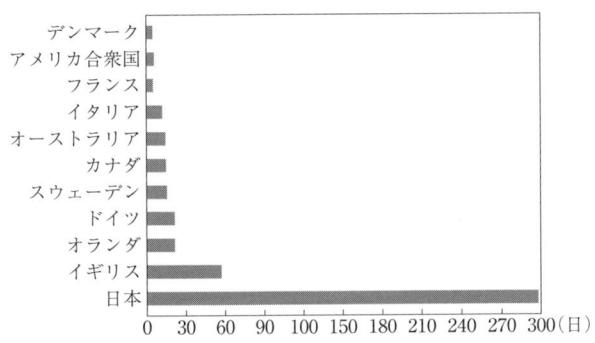

図7-3　2005年退院者平均在院日数

出所：OECD Health Date, 2008.

域生活へとシフトしているにもかかわらず，日本では，未だ入院中心の状況にある。病院の必要性は当然，否定しないが，本人の意思とは別に，今も抑圧の象徴的行為である精神病院での「社会的入院」を余儀なくされ，異常に入院期間が長いのが特徴である。

　一世紀前の呉秀三の言葉にある「わが国十何万の精神病者はこの病を受けたるの不幸のほかに，この国に生まれたるの不幸を重ぬるものというべし」は，今日もなおリアリティをもっていると言わざるを得ない状況にある。

発達障害者への支援

　発達障害（Developmental Disorder）とは，先天的な様々な要因によって主に

乳児期から幼児期にかけてその特性が現れ始める発達の遅延のことであり、大きく分けて、①広汎性発達障害（自閉症、アスペルガーなど）、②学習障害（LD）、③注意欠陥・多動性障害（ADHD）などがあり、その総称のことを指している。

以下、学校で不適応を起こした、「アスペルガー」と診断された青年Bさんの回想に、発達障害を理解する一面がうかがえる[7]。

> 学校の廊下では、走らない、右側を歩くように、先生から指導されていた。それを文字通り忠実に実行していたら、みな廊下は勝手に走りまわり、「ルール」を誰も守っていないどころか、「約束事」を忠実に守っている自分に平気でぶつかってきて文句を言う。そしてなんと校長先生までもが堂々と「違反」していたことにショックを受けて、混乱のあまりパニックになってしまって、もう怖くて学校にいけなくなった。

この発言は、アスペルガー型の発達障害の特徴をよく示している。つまり、コミュニケーションにおいて、話の文脈や場の雰囲気や感情を読み取ることが極端に苦手である。「空気が読めない」などという現代の若者の用語があてはまる。

日本政府が国民向けの広報として「発達障害のある子どもは、他人との関係づくりやコミュニケーションなどがとても苦手ですが、優れた能力が発揮されている場合もあり、周りから見てアンバランスな様子が理解されにくい障害です。発達障害の人たちが個々の能力を伸ばし、社会の中で自立していくためには、子どものうちからの『気づき』と『適切なサポート』、そして、発達障害に対する私たち一人一人の理解が必要です」[8]と説明しているとおり、周囲の理解と支援があれば大いにその個性が活かされて充実した生活ができるのである。

ところで、「発達障害」というのはごく近年になって確立してきたもので、これまでは、軽度の知的障害として分類されたり、精神障害の特殊な一部と考えられていた。国際的な多くの臨床研究の知見が進んで、そのような分類ではなく、「発達障害」という特別なニーズと支援が必要であることが明らかになった。欧米諸国よりは、日本ではその対応がかなり遅れる形になったが、2005年に発達障害者支援法を根拠法として、そのニーズにある人々を支援すること

ができるようになった。それによって早期発見が奨励されて、現在の児童は、幼少期に診断され、それに合わせたプログラムによって適切な教育がなされはじめている。

　しかし、そのような診断基準がなく、成人になって発達障害とわかった場合は、多くの課題を抱えている。一つは、本人の自覚や自らの発達障害を受容することが遅れがちなことなどが今後の課題となっている。また社会の側においても、受け入れる態勢が整っていないことも大きな課題である。発達障害への理解が乏しいことから、差別意識と偏見をもって「変わり者」のレッテルを貼り、人間関係が取れない厄介者とされ、会社などでは解雇の対象とされたり、就職に困難を覚えて著しく不利を生じることも少なくない。それゆえにさらに二次障害として、うつ病や神経症になることも多く、そこも今後の課題である。

　また発達障害そのものが親の育児によって生じるという間違った偏見も未だに根強くあり、発達障害児をもつ親自身が周囲から孤立し、不適切な子育てをしているという誤ったレッテルを貼られてしまうという問題も生じている。つまり、発達障害そのものがわかりづらく、「傷つきやすく抑圧されている人びと」であるという自覚が必要である。

注

(1) Oliver, Michael（1996）*Understanding Disability : From Theory to Practice*, London : Macmillan.
(2) 杉野昭博（2007）『障害学——理論形成と射程』東京大学出版会.
(3) 立岩真也（2010a）「『社会モデル』・序——連載57」『現代思想』38-10；立岩真也（2010b）「『社会モデル』・1——連載58」『現代思想』38-11；立岩真也（2010c）「『社会モデル』・2——連載59」『現代思想』38-12.
(4) 厚生労働省公式HP『国際生活機能分類——国際障害分類改訂版』（http://www.mhlw.go.jp/houdou/2002/08/h0805-1.html）（2013年10月26日閲覧）.
(5) 木畑和子・井上茂子・芝健介他（1989）「第2次世界大戦下のドイツにおける『安楽死』問題」『1939——ドイツ第三帝国と第二次世界大戦』同文舘出版.
(6) 呉秀三・樫田五郎（1918）『精神病者私宅監置ノ実況及ビ其統計的観察』.

第Ⅱ部　現代の社会において人権は守られているのか

(7)　2014年5月に，日本精神医学会より，DSM-Vの変更にともなって精神障害，発達障害等の診断名を変更すると発表があったが，本書ではまだ一般に周知されているとは言えないので，旧来の呼び方を使っている。
(8)　政府広報オンライン『発達障害に関して』(http://www.gov-online.go.jp/featured/201104/)(2013年10月26日閲覧).

第8章

高齢者と人権

　ここでは高齢者と人権について，考えていきたい。人生を長く生きていれば誰もが辿り着くのが高齢（老い）という人生の最終ステージである。成熟期であり，人生の諸課題を統合して，最終的にそれを仕上げていくという完成段階のプロセスである。高齢者が自分の最期（死）への準備を含めて，最終段階の人生を充実したものとして送ることを「終活」と呼び，それが一つのビジネスになるほど，高齢者の充実した生活をどのように実現するのかということは日本における大きな課題である。しかしながら，それとは裏腹にシェークスピアの「終わり良ければすべてよし」という名ゼリフにあてはめると，残念ながら日本の多くの高齢者が，必ずしも満足した高齢期を迎えておらず，逆に「終りが悪ければすべて悪し」という皮肉な状況にあると言わざるを得ないのが現状である。

　「年齢による差別」（エイジズム）は，儒教文化の孝行思想の反動として，特に現代，深刻な人権侵害を生み出している。つまり，高齢者が「傷つきやすく抑圧されている人びと」として位置づけられ理解される必要がある。ただし，先述した障害，児童，貧困などの課題と比べて，直接的に人権問題として顕在化しにくいというのも高齢者の人権問題のもう一つの特徴である。なぜなら，例外なく，すべての高齢者は，かつて"大人"あるいは"親"という"ケアする"立場であったので，ケアされるものとして理解されにくいからである。

　ここでは，その老いの課題を取り上げ，その人生の最期を意義あるものとしてそれをいかに全うしていくことができるのかについて考えてみたい。

　日本では，「早くお迎えが来てほしい」と本気で願っている高齢者がいかに

多いことだろうか。確かに,「老い」とは,「生老病死」としてかつてブッダが述べた四つの苦しみ「四苦」の一つである。ブッダによると,「老い」とは「生きる」ことそのものと同様に人には避けることのできない「苦」であるというのである。その限りにおいては,人類は古代より,この課題と常に向き合ってきたといえるが,今もそれに対する有効な答えを示し得ていないということになる。

このようななかで,高齢者自身は自分の晩年の人生に何を思い,何を考えているのか。そのことを象徴的に物語るのは近年話題になっている奇妙な社会現象がある。"ぽっくり寺"や"PPK"という言葉を聞いたことがあるだろうか。「ある日,突然,痛みや苦しみがなくポックリと死ぬ」「ぴんぴんころり,つまり最後まで元気でいて突然コロリと死ぬ」という言葉の略語である。

「苦しまず,やすらかに逝きたい」というその願いを叶えてくれるとされる全国の寺院にはツアー客が押しかけるほどであるというのである。むろんそのなかには,興味本位や好奇心も手伝ってのことではあろうが,それは,上述したような介護の問題などにおいて,高齢者自身は,他人様とりわけ身内の者には迷惑をかけたくないという願望が反映された結果であるといえる。特に近年,有名なのは長野県佐久市の成田山薬師寺の「ぴんころ地蔵」,奈良県斑鳩町の吉田寺(きちでん)の「ぽっくり往生の寺」などで高齢者が多く押しかけるとのことである(図8-1)。

"ぽっくり寺"や"PPK"への願いというのが長年,人生を生き抜き,社会に貢献してきた高齢者の最期の願いであったということになれば,若者世代はこれをどう受けとめたらいいのであろうか複雑である。冒頭でも述べたが,老いの課題は,誰でも迎えるものである。ブッダの「生老病死」という問題提起に,高度に文明化した現代社会においては,未だその答えをもちえていない。

日本の超高齢社会の現状

ここでは,まず日本の高齢者の現状と対策を明らかにしておきたい。

図8-2に示したのは,政府(総務省)が発表した日本の高齢化の推移と今後

図8-1　高齢者に人気の寺院

出所：『朝日新聞』デジタル版（http://www.asahi.com/airtravel/TKY201012010201.html?ref=chiezou）（2013年8月1日閲覧）．

の人口構成の予想図である。この数値をていねいにみていくと驚くべきスピードで高齢化が進んでいることがわかる。老人福祉法では，65歳以上を高齢者と定義するが，高い比率を占める。これは人類が未だ経験をしていないものである。

　その原因としては，医学と科学の進歩により，延命治療が急速に進展し，またかつては不治の病と言われた病気に対しても，高度な医学技術によって命が助かるようになったことがまずあげられる。そしてもう一つは結婚しない男女の増加，子どもを産まない夫婦の増加，仮に産んでも少数という少子化の流れももう一つの要因である。つまり，誕生する数は圧倒的に少なくなったのに対して，寿命が長く延びたことにより，人口の不均衡化現象が起きてきているのである。

　先進国の多くが高齢社会（明確な法律的定義ではないが，一般に，高齢化率の割合で，高齢化社会7-14％，高齢社会14-21％，超高齢社会21％以上とされる）となっているが，日本は，他の諸国よりもかなり先を進んでいる。現時点で，日本の高齢化率はおよそ25％となっており超高齢社会に突入したということができる。そして，政府の人口統計によると，あと半世紀後にはほぼ確実に高齢化率は40

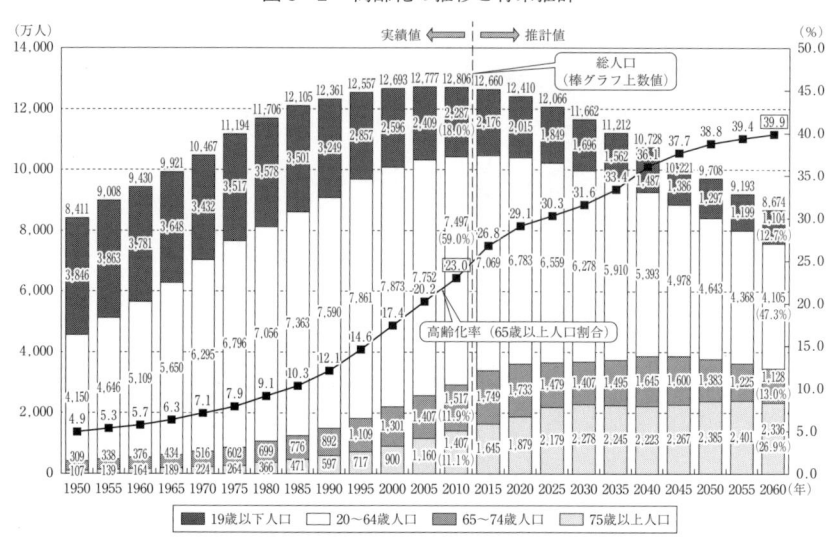

第Ⅱ部　現代の社会において人権は守られているのか

図8-2　高齢化の推移と将来推計

注：1950～2010年の総数は年齢不詳を含む。
資料：2010年までは総務省「国勢調査」，2015年以降は国立社会保障・人口問題研究所「日本の将来推計人口（平成24年1月推計）」の出生中位・死亡中位課程による推計結果。
出所：内閣府（2013）『平成25年版　高齢社会白書』5．

％に達する。かつて，高齢化が10％に達したときに，25％という数字を予想して，その社会の到来に驚嘆していたが，現実に目下，高齢化率がその数字である25％となっているのである。今は，4人に1人が65歳以上の高齢者であるわけである。

さらに問題は，その数字の大きさだけではなく，そのスピードにある。ゆっくりと漸進的に高齢者の多い社会へ変化をしていくのであれば，社会もそれなりに変化しつつ対応ができていくものである。しかし，日本の場合はそうではない。それに対応する国家や社会が対応策としての十分な準備もないままに半数に近い人が65歳以上という未曾有の超高齢社会へ突入していく。むろん，国家としても後述することになるが，介護保険制度など様々な対策を懸命に練っているのであるが，この深刻かつ幅広い問題に対して決定的に有効な社会対策はない。

また高齢者のなかの要介護高齢者の割合であるが，内閣府の発表によると，

介護保険制度における要介護者又は要支援者と認定された人は，2009年度末で484.6万人であり，現在の認知症高齢者は，推定462万人，予備軍を含めると800万人に上ると厚生労働省の研究班が発表している。

　つまりこのような多数の要介護高齢者の問題に対して，国家としては，未だどの国もその対策に対しての経験がないのであって，率直に言って現代世界はなす術を知らないといってもいい。むろん，これまでにも様々な対策を講じているのは事実であるが，その巨大な問題を前にどう向き合おうとしているのかの有効な戦略が十分に描けないままに今日に至っているというのが偽らざる実情であろう。

　日本では，このような超高齢社会に対して，どのような対策をしてきたのであろうか。まず，高齢者福祉の根拠法として，老人福祉法（1963年）がある。これは社会福祉六法の一つであり，高齢者福祉の基本的な法律を定めている。それと合わせて，未曾有の超高齢者の対策として，介護保険制度（2000年）が導入された。

　これは日本の社会福祉制度の大きな転換として，2000年に打ち出された社会福祉基礎構造改革の柱の一つである「措置から契約へ」に基づいた制度改革から生まれたものである。その一連の流れについて説明すると，1951年の社会福祉事業法制定以来大きな改正の行われていなかった社会福祉事業，社会福祉法人，措置制度など社会福祉の共通基盤制度について，今後増大・多様化が見込まれる国民の福祉需要に対応するための見直しが求められたことがその背景としてある。そしてその大きな目玉政策として介護保険制度（2000年）が誕生したのである。それは，高齢者の要介護度に合わせて介護サービスを自ら選択して，可能な限り在宅で暮らしていこうという施設から地域へというコンセプトによって成立した制度で，後の高齢者福祉政策の大きな転換となった政策である。

　これらの制度対策は15年近く経って，幾つかの改正をし，ある程度，国民に浸透してきた。また韓国をはじめ東アジア諸国の政策のモデルになっている。それによると，措置制度という社会福祉政策によるこれまでの伝統的な政策は，

国家（行政）が主導で，高齢者を施設等に「収容する」（措置する）という保護的観点での施策が中心であった。これに対して，措置ではなく，契約に基づき，高齢者自身が自らに適したサービスを選択して，自分のライフスタイルに合わせてサービスを主体的に選んでいくことに主眼を置いた政策に方向転換した。これが社会福祉基礎構造改革の趣旨である。

　介護保険制度では，要支援1～2，要介護1～5という要介護度に合わせて，サービスを受けることになる（要介護5がもっとも重度）。しかし，重度化してきた要介護高齢者を在宅でケアすることの限界や，認知高齢者をきめ細かくどのようにケアするのかなどの問題が依然残ったままである。同時に，現在では介護が必要とならないように，自立した健康な長寿を目指した予防的な対策として，体力づくりなどが推奨され現在，各地でそれらが実施されている。

日本の高齢化への対策

　これらを受けて，以下では，日本の高齢者福祉の課題を整理するために幾つかあげておきたい。1991年に国連が定めた「高齢者のための国連原則」（the United Nations Principles for Older persons）では，高齢者の保護と社会への参加と自立を定めているが，そこには「尊厳及び保障を持って，肉体的・精神的虐待から解放された生活を送ることができるべきである」という高齢者の人権を支える生活を社会の責務としているが，日本では以下のような観点からかなり厳しい現実がある。

　まずは，人口構成が明らかに変化しているという点である。数十年後は肩車のようにして，一人の若い世代が一人の高齢者を担いでいる状況になるという。未曾有の超高齢社会状況に対して，ケアの問題だけではなく，年金問題等，具体的な社会保障の対策が追い付いていないとうことがあげられる。

　また，先述した社会福祉基礎構造改革の流れで，「施設から在宅（地域）への転換」ということは高齢者自身が自ら選択するのならよいとしても，従来のような入居型の施設が不要になったわけではないし，実は高齢者自身の施設ケアへのニーズは依然高い。しかしながら，要介護高齢者の入所できる特別養護

老人ホーム（介護老人福祉施設）などの施設数は限られており，施設不足は深刻である。高額な契約金や入居費用を個人が支払うことで入居できる有料老人ホームは別として，老人福祉法（介護保険法）に定める特別養護老人ホームは，入居を希望しても入居できない「待機者」が依然多い。都市部では満室の施設も多い。2010年度の厚生労働省の全国調査では，入所申込者数42.1万人が待機している。ただし，厳密に言うと「とりあえずの申請」という形が多く，厚生労働省の分析（解釈）によると，実際に待機している人数は，その10分の1程度の4万人程度ではないかという試算である。つまり，「ただちに入所が必要だが入所できない人が4万人いるということ」になる。[1]

　実際に，施設に空きができたので担当者が順番に待機待ちの入所希望者に直接連絡を入れたところ，すでに亡くなっていたというケースは少なくない。このように施設入所のニーズがあっても新たに介護施設を増やすことができないのは，国家や自治体の財源問題が深刻になっていることが一番大きな要因である。施設を増やすよりも在宅ケアのほうがはるかに財政上は効率がいいとされる。

　このように日本の高齢化社会に対する制度の転換によって，ある程度国家としてのケアの体制が整いつつある面は評価できる。しかし一方でサービスを利用する立場やその家族の立場に立つと，逆に個人の責任を強化された割には，当事者は十分なサービスを柔軟に受けることが難しく，また家族介護，特に女性に負担が重くのしかかっている。人権という点でみるとなお一層大きな課題が残っていることになる。

高齢者の人権侵害の実態

　ここでは，このような高齢者をめぐる問題がどのようにして人権侵害につながるのかを明らかにしていきたい。

　まずは施設でのケアをめぐる観点から考えたい。

　先日，ある老人ホームを訪問したときのことである。その玄関に貼ってあった1枚のポスターが目にとまった。そこに「ストップthe拘束！」と書かれて

あった。そこには高齢者をベッドに縛りつけている絵がリアルに描いてある。これは恐らく厚生労働省の「身体拘束ゼロ作成」の指針であり、施設内での職員向けの処遇改善のために掲示しているのだろうが、逆に妙にリアリティがあった。それを目立つところに貼らなければ、この施設では、そのような拘束が日常化してしまっているという裏返しなのであろうか。しかしそれは職員のモラルの問題だけでなく、少人数の職員体制下で夜間に徘徊してしまう認知症高齢者の介護をどうするのかなどの制度政策上の問題も大きいのである。このような身体的拘束からの「解放」というのが、福祉施設の現場の現状であるとするなら、これまで議論してきた社会福祉における「人権の尊重」などというのはあまりにもほど遠い理想論に聞こえてしまう。

　しかし、人間の尊厳や自己決定の尊重などという理念のためには、まずは拘束のない、抑圧されていない状態にすることが先決（前提）である。まずそのような状態からの解放が、社会福祉のすべての目標や諸価値の前提とするべきである。そして物理的な拘束からの解放は、議論の余地がないことであるが、複雑な社会構造のなかにあって、顕在化されない、目に見えない「拘束」（抑圧）をされているというような状況についてもっと焦点化させなければならないであろう。長い待機者待ち状態からようやく施設に入れたのだからそれでよしとせねばならないというのは人権や尊厳とはほど遠い発想であろう。

　次に、地域ケアあるいは在宅ケアをめぐる課題を考えたい。施設ではなく、在宅ケアを選択すれば地域に根ざし、より豊かな生活が描けるという政府の理想のシナリオはあまりにも非現実的と言わざるを得ない。仮に高齢者自身が自ら在宅を希望したとしても、結局在宅で介護の役割を担うのは、多くの場合、嫁、娘、妻という女性に限定されがちで、そのケア役割が固定化され、それが女性の社会進出を阻む要因にもなっている。これは現代の男女参画共同社会の理念と逆行している。なぜ女性だけがケアを担わないといけないのか、という問題は高齢者介護のみならず、改めて社会全体で問わなければならない重要な課題である。この女性の問題については次章で別に取り上げることとする。

在宅ケアの主要な柱の一つである介護保険のサービスに基づいて日中だけデイサービスを利用することはもはや，日常光景になってきている。施設や病院等の送迎用の車が利用者を自宅まで迎えにきている光景はお馴染みになってきているのではないだろうか。これを効果的に利用すれば，確かに，日中は，家族が介護することから解放される。また利用者にとってもリズムのある生活を送ることができ，高齢者同士の知り合いとの交流が広がる可能性もあり，このようなシステムは制度としては評価できよう。

しかしである。ただ日中，デイサービスを利用して時間を潰せばいいということではないはずであるが現実にはそう言わざるを得ない実態もある。効果的なプログラムで高齢者が満足しているケースも散見するが，筆者が幾つかの施設で当事者にインタヴューしたなかには，「いつも静かに読書などしていたのに，80になったら急に毎日歌ばかり歌わされて……」「なぜ，80歳にもなって急に風船遊びをしないといけないのか……」「本当は体力もないので何もせずに家で休みたいのだけど，自分が家にいれば厄介なんで……仕方ない。楽しいふりしてます」というような本音が聞こえてきた。

かつて外国の老年学の研究者の通訳で，日本のデイサービスを回ったときのことである。日本の高齢者のデイサービスでレクリエーションをしている姿が外国人の専門家にはよほど衝撃だったようで，その率直な問いは，「これを利用している高齢者は本当に満足しているのか？ 保育所や幼稚園のプログラムとどう違うのか？」と聞かれた。そこには当事者意識の不在というものを感じたのであろう。繰り返すが，デイサービス制度そのものが悪いわけではなく，そのプログラム内容について，高齢者の尊厳や人権という観点からも改めて再検討する必要があるのであろう。

在宅における高齢者の人権侵害の実態

しかし，もっと深刻なのは，このようなサービスそのものが届かない場合である。国が重点を置く，地域ケア政策とは裏腹に，孤立化する単身高齢者や高齢者世帯が増えてきている。高齢者の独り暮らしの「孤独死」という問題も今，

第Ⅱ部　現代の社会において人権は守られているのか

日本の深刻な課題になっている。死後数年を経た「ミイラ化した死体」が住宅で発見されたというショッキングな報道が近年頻繁になされている。また，老老介護の問題も深刻である。2013年3月20日付の産経新聞に，「老老介護の限界…絶望，96歳夫は91歳妻の首を絞めた」「介護に疲れた。自分が先に死ねば寝たきりの妻が困ると思い，一緒に死のうと思った」との見出しで老老介護問題が報道されていた。それは，2013年2月9日に奈良県大和郡山市，96歳の夫が，寝たきりの91歳の妻の首を絞めて，逮捕された「事件」であった。

このような報道記事は，その後も，繰り返されており，日本では，近年，あまり珍しくなくなって報道の扱いも小さなものになってしまっていることにむしろ恐ろしさを感じる。これは，「老老介護」の余りに過酷な実態を伝えていると同時に，今後の日本の縮図のような形で考えなければならない問題である。これは決して当人たちだけの問題ではなく，社会的な問題である。つまり，地域のネットワークから隔絶され，そこには社会的支援やケアという側面が欠落しているからこそ起こってくる根深い問題であり，結果的に本人たちが社会から抑圧された状況に追い込まれているのである。

このことを如実に示すのは日本の高齢者の自殺の実態である。図8-3は，年齢別の自殺者数の統計である。日本の自殺者数はここ数年年間約3万人前後となっているが，とりわけ，年齢別にみると高齢者層の自殺数の多さ，特に高齢女性の自殺率の高さ，地域的にはむしろ都市部ではなく，北陸，東北地方の農村地帯に多いことが特徴である。このことは，何を意味するのであろうか。自殺は複合的な要因でおこり，単純化できないが，近年政府が自殺対策大綱のなかで明示したように，自殺は個人の問題ではなく，社会全体の問題であり，「追い詰められた末の死」であるとするのなら，それは社会全体の構造としてとらえる必要がある。つまり，伝統的な儒教的な孝行の道徳がすでに破綻しかけており，一方で後述するが「姥捨て山」的な年齢による差別としてのエイジズムが侵食していることが一つの原因であると言わざるを得ない。これは，本書で述べる高齢者の人権問題に直結するものである。

また，児童のところで取り上げたような虐待問題が，家族介護者を中心に高

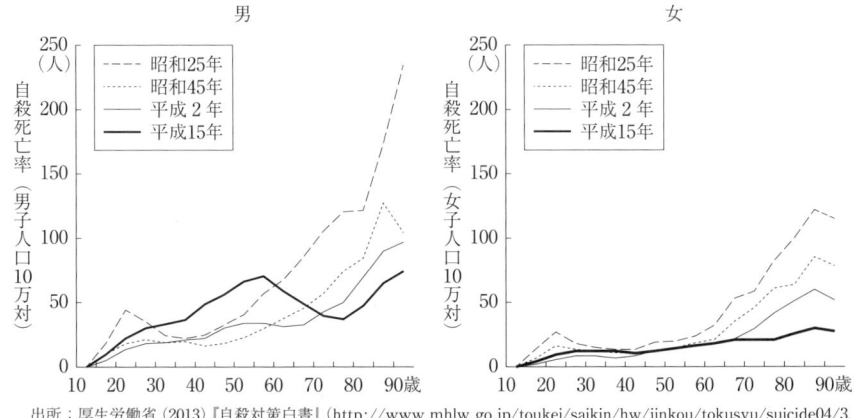

図8-3　年齢別の自殺者数

出所：厚生労働省（2013）『自殺対策白書』（http://www.mhlw.go.jp/toukei/saikin/hw/jinkou/tokusyu/suicide04/3.html）（2014年4月1日閲覧）.

齢者に対しても同様になされているという実態も浮き彫りにされつつある。家族だけでなく，介護施設等で職員が高齢者を虐待しているという犯罪的暴力行為の実態も報告されており，高齢者がいかに社会的に排除されて，抑圧されて人権を侵されているのかの実態が明らかになりつつある。厚生労働省の実態調査では1万6668件の介護虐待が報告されている。身体的虐待が63.4％ともっとも多く，次いで心理的虐待が39.0％，介護等放棄が25.6％，経済的虐待が25.5％，性的虐待が0.6％であった。(2) これはまだ十分に検証されておらず，児童の場合のように今後「急増」（実際は「発見」）してくることになることは間違いない。なお，2006年4月，高齢者虐待防止法が施行され，高齢者虐待防止に関する行政や国民の責務が定められたが，これも今後の高齢者と人権の問題の主要なテーマである。

「棄老」伝説にみる人権

　映画『楢山節考』（ならやまぶしこう）は，深沢七郎の短編小説で，「棄老」というテーマを題材にして話題になった映画である。これは「姥捨て山」という民間伝承を基にしているが，実在する山の名称とは基本的に無関係であり，またこのような話が実在したという確たる証拠はない。あくまでフィクションで

あるが，一方で，そのフィクションのなかにもそこには日本の高齢社会を象徴する一つの物語性があるように思える。その物語の内容には，幾つかのヴァージョンもあり，また中国，韓国にも同様の物語が存在し，東アジアに共通する伝説といってもいい。

その一つのヴァージョンによると概ね以下のようなストーリーである。昔，ある地域で，食糧難を補うべく家族の「口減らし」の理由で，老婆が，実の息子に山（姥捨て山）に捨てられるという慣例があったと想定されている。その慣例に従って，主人公の息子が母親を棄てるために山に登っていく。道すがら息子に背負われた母親が，息子が帰りに道に迷わないようにと山道の枝を折って，それを道標として示してくれていた。そして，息子は，山の頂上で泣く泣く母親を置いて（棄てて）下山するが，その道すがらその折れた枝の事実を知り，心揺さぶられる。そして母親の愛情と恩義を感じ，息子は再び引き返して母親を連れ戻す，というどちらかというとハッピーエンド型の孝行物語である。

この物語はあくまでフィクションであり，事実ではないことは言うまでもないが，その心性において日本の高齢者の人権問題の一端を描いている。そこには「家族」，「孝行」，「棄老」というキーワードが浮かび上がってくる。高齢者を「棄てる」のは家族（息子）であり，それが孝行物語でハッピーエンドに終わろうとも，そこには高齢者があらかじめ「厄介者」として扱われているというところにその物語の基本構造がある。そしてそれを回復させることができるのは，唯一つ，息子の親「孝行」という道徳心であるというような筋書きである。

本書の視点に沿うのなら，「孝行」という視点ではなく，社会に存在する「棄老」というのが，明らかに人権侵害そのものであり，そのように高齢者を扱うということ自体が，高齢者の当事者からすれば，耐えがたい屈辱でもある。

しかしながら，現在，社会問題として指摘される高齢者当人が望まない長期的な社会的入院の実態，また大熊由紀子が指摘した[3]「寝かせたきり老人大国」であるという現実を突きつけられると，妙に先の「棄老」のストーリーが社会に存在しているという点がリアリティをもってくる。しかも，それらを防ぐこ

とができるのは,「姥捨て山」伝説にあるように息子の親孝行だけであり,その心情以外には頼る術がないというのが,現代の日本高齢社会の厳しい現実を示している。

そこには社会的支援や国家支援の介在という視点が,欠落しているのである。唯一の防波堤である親孝行という道徳が破綻してしまえば,一挙に「棄老」された状態になるという深刻な問題意識がそこにあるのである。

注
(1) 社保審介護給付費分科会『特別養護老人ホームにおける待機者の実態に関する調査研究事業——待機者のニーズと入所決定のあり方等に関する研究』(http://www.mhlw.go.jp/stf/shingi/2r9852000002axxr-att/2r9852000002ay1l.pdf)(2013年10月26日閲覧).
(2) 厚生労働省(2011)『平成22年度 高齢者虐待の防止,高齢者の養護者に対する支援等 に関する法律に基づく対応状況等に関する調査結果』9.
(3) 大熊由紀子(1991)『「寝たきり老人」のいる国いない国』ぶどう社.

第9章

女性，マイノリティと人権

・・・

　ソーシャルワークの研究者として世界的な影響を与えたハートマン（Ann Hartman）は，次のように述べた。
　「知と権力とは再帰的な関係にあり，権力を有する側の言説や声が結果的に支配的となり，真実とみなされるのに対して，権力を有さないものの言説は周辺に追いやられ，征服され，そして彼らの物語は語られないまま終わってしまう。」[(1)]
　この言葉は，本書で一貫して取り上げている，弱い立場に置かれている人々への社会的な抑圧構造を説明している。この章では，マイノリティの問題を取り上げたいが，特に，女性の福祉の問題を中心に議論していきたい。

マイノリティとは何か

　社会福祉のなかでは，しばしばマイノリティの支援ということが語られる。社会福祉で「マイノリティ」（少数派）という場合，単に全体の割合に対して，人数が少ないという「少数」であるという数字的意味としてではなく，その人があるグループの一員であると位置づけられることによって，そこに何の正当な合理的根拠がないにもかかわらず，被ってしまう社会的偏見，不利，差別対象となるような場合を指すのが通常である。先述した障害者などもその一つの例である。それは，障害があるという少数者に属する人たちへ無理解から生じる社会的偏見，社会制度上の欠陥，そして抑圧から不当な差別と不利益を指している。

　マイノリティの対義語はマジョリティ（多数派）であるが，社会福祉におい

て，逆に，必ずしも人数的に多数を占めているというだけではない。社会全体のなかで，強い立場を保持し，権力をもち，影響力をもち，世論を形成しやすいグループを指す。

　これらのことから，とりわけ社会福祉において議論する場合は，必ずしも少人数集団でなくても，周囲の無理解により，権力構造ゆえに社会的に弱い立場におかれて抑圧を受けている場合には，マイノリティといえる。この例として，後述する多くの社会や国家で女性がマイノリティの立場に置かれているといわれる所以はそのような意味においてである。

マイノリティとしての女性

　社会のなかで，女性は男性と人数はほぼ同じ比率にありながら，マイノリティとされる。それは，女性が特別に社会のなかで抑圧を受け，差別を受けて今日にまで至っているからである。しかし，男性の側は，この認識があまりない。かつて韓国の李明博大統領が言った言葉，「人でも国家でも加害者は簡単に忘れるが，被害者は長く憶えている」（2008年7月8日，洞爺湖G8首脳会談での合同インタビューより）は，真理の一面をついている。

　実際は，現代にあっても，多くの国々，社会でドメスティック・ヴァイオレンス（DV），セクシャル・ハラスメント，レイプ等による性被害など，いずれも男性の側の力の行使による支配の結果に起因するものは数多くある。このような明らかな犯罪的な暴力ではなくても，日常的に女性は抑圧されているという現実がある。冒頭で引用したハートマンの言葉のとおり，権力をもつ（男性）側の論理により，女性の「物語は語られないまま終わっている」のである。

　16歳の少女，マララ・ユスフザイ（Malala Yousafzai）さんが，パキスタンで2012年10月，女性への教育の必要性を主張したゆえに，イスラム過激派に銃撃されたことは記憶に新しいことであろう。その彼女が国連の会合で堂々と演説し，「銃弾で人を黙らせることはできない」と女性への差別，貧困などあらゆる問題の「唯一の解決策が教育」と訴えたことは，実に新鮮であった。それが世界へ大きな発信となり，まだ世界的に女性がマイノリティとして抑圧されて

いる状況を明らかにした。

　日本では,「男尊女卑(だんそんじょひ)」という言葉に暗示されているように,社会構造自体が,歴史的にずっと男性優位社会であり,昔も今も本質的にはそれはあまり変わらない。「男女平等」であると日本国憲法で保障しているにもかかわらず,政治家,会社の幹部,役人,あらゆるところをみても実権を握っているのは圧倒的に男性である。これは未だに日本が男性優位社会体制を温存していることを物語るものである。

女子差別撤廃条約

　とはいえ,世界各地で,女性がマイノリティとしての立場におかれている現状に対し,少しずつであるが対応が進んでいる。

　国連は,先述した世界人権宣言の男女平等の理念を受け,1946年に「女性の地位委員会」を設立,1952年に女性の参政権を認めさせるために「婦人の参政権に関する条約」をつくった。それらを受けて,1967年には,あらゆる女性差別をなくすために,「女子に対する差別の撤廃に関する宣言」(女性差別撤廃宣言)を発表することになった。

　そして,その宣言内容を受けて1979年の国連総会で,法的規制のある「女子差別撤廃条約」を締結した(1981年に発効)。正式には,「女子に対するあらゆる形態の差別の撤廃に関する条約」(Convention on the Elimination of All Forms of Discrimination against Women)というが,これは女性(女子)に対する権利の条約であり,締約国の間で,法的拘束のあるものであるという意味では画期的なものであった。女性に対するあらゆる差別の撤廃を基本理念とし,政治的・経済的・社会的活動などにおける差別を撤廃するために締約国が適切な措置をとることを求めるというものである。日本も1985年にこれに批准している。

　この条約の目的と理念は,日本社会ではこれまであたりまえのように行われている性別で役割を決めてしまう「男は仕事,女は家庭」というようなステレオタイプの男女観を廃し,「女性も男性も,仕事と家庭」の役割を担うことを目標にし,性別にとらわれず,自由闊達で個性的な男女平等社会を目指すこと

にその理念がある。また条約の大きな特徴として，それが，単に公の生活はもちろんであるが，私生活においても女性の権利を保障している点と，法の上での差別だけではなく，実際の生活のなかでの差別を禁止している点で，一歩踏み込んで実質上の平等を目指している点である。

　このような条約をあえて国際社会で約束事として法的に拘束力をもたせて締結しないといけないのはそもそもなぜなのか。世界の人権問題に正面から取り組みその解決に尽力しているアムネスティという人権団体は，世界の女性のおかれている差別構造を明らかにし，その人権が無視され抑圧されている女性差別の実態について以下のように声明を出している(2)。これは厳しい表現であるが，日本社会の実態の一端をついているともいえる。

　　貧富や人種や文化の違いにかかわりなく，また平和なときでも紛争のときでも，国家，地域社会，そして家庭の中で，女性は絶えず差別と暴力に直面しています。家庭内暴力，「名誉殺人」，拘禁施設内や紛争下における強かんなど性暴力…。女性への暴力は，ジェンダー差別（社会的・文化的につくられた性差別）に深く根ざしています。ジェンダー差別は，私たちの社会が，女性が男性と平等であることを否定していることによって支えられています。女性差別撤廃宣言は，「女性への暴力は，女性が男性に比べて従属的地位に置かれることを強いる重大な社会的構造の一つである」と明記しています。女性への暴力は「自然」でも「避けられないもの」でもありません。それは，歴史的・文化的につくられた価値であり基準なのです。

　この声明にあるように，女性差別は，社会的構造から派生し「文化的につくられたもの」であるという自覚がまず必要である。そして男性側は意識せずに女性の抑圧者となってしまっていることを自覚すべきであろう。こうしてその古い体質の社会はなかなか変化せずに，結果的に男性優位社会を維持し続けているのである。

国内において女性を守る母子及び父子並びに寡婦福祉法

　ところで，近年日本において「女性の貧困」という深刻な社会問題が明らか

第9章　女性，マイノリティと人権

になってきた。それは内閣府が公開した母子家庭など，大人が1人で子どもを育てているいわゆる「ひとり親世帯」の貧困率が，54.3％という数字である。これは普通の世帯のおよそ5倍である。また，OECD（経済協力開発機構の加盟30か国）のうち，ひとり親世帯の半数以上が貧困状態にある国というのは，日本だけであり，日本固有の問題であることがわかった。[3]

このような女性の問題は，社会福祉領域でもこれまで重要なテーマであり続けた。

確かに，古代ですらユダヤ民族は，孤児，やもめ（寡婦）等に関して，その対象を明確に規定していた。弱い立場にある女性の権利を保障することが神のユダヤ民族に定めた掟（義務）であり，これらの女性を虐げることは神の掟に反することであると規定していたのである。[4]

> 寡婦や孤児はすべて苦しめてはならない。もし，あなたが彼を苦しめ，彼がわたしに向かって叫ぶ場合は，わたしは必ずその叫びを聞く。そして，わたしの怒りは燃え上がり，あなたたちを剣で殺す。あなたたちの妻は寡婦となり，子供らは，孤児となる。

この規定は，宗教的教義は別にして，理念としては欧米先進国にあって今日においても継承されている思想といえる。

近代の歴史的にもアメリカのソーシャルワーカーであったアダムズ（Jane Addams）が，女性問題に先駆的な取り組みをし，婦人参政権，女性の福祉，母親年金問題などに取り組んだが，これは世界的にも大きな影響を与えた。この影響を受けて，日本でも矢島楫子，平塚雷鳥，市川房江，山高しげり，などの女性たちが参政権や社会福祉と女性の人権にかかわる運動に尽力した。これらの思想的遺産は高く評価でき，今日まで綿々と大きな影響を及ぼしている。特に女性の権利の運動が社会福祉と密接に結びついていることは注目すべきである。今日の日本の女性の福祉については，母子及び父子並びに寡婦福祉法（および児童福祉法）が根拠法となっている。この法律が登場する背景は，歴史的にも日本の女性のおかれている状況がいかに複雑で，男性優位社会のなかで，不安定で不利な抑圧状況におかれていたかを如実に物語るものである。

このような女性の福祉問題解決のために，1964年制定された母子福祉法は「母子家庭の生活の安定と向上に必要な措置を講じ，母子家庭の福祉増進を図ることを目的」としたものであったが，1981年に法律が改正され，名称も「母子及び父子並びに寡婦福祉法」と変更し現在に至っている。

「母子及び父子並びに寡婦福祉法」の法律の目的は，第1条に明記されていて，「(前略)母子家庭等及び寡婦の福祉に関する原理を明らかにするとともに，母子家庭等及び寡婦に対し，その生活の安定と向上のために必要な措置を講じ，もつて母子家庭等及び寡婦の福祉を図ることを目的とする」となっている。その基本理念として，第2条では「全て母子家庭等には，児童が，その置かれている環境にかかわらず，心身ともに健やかに育成されるために必要な諸条件と，その母等の健康で文化的な生活とが保障されるものとする。2　寡婦には，母子家庭等の母及び父子家庭の父に準じて健康で文化的な生活が保障されるものとする」としている。

この条文をよく読むと，それは，憲法第25条の生存権の理念をそのまま反映したものであり，それを母子及び父子家庭，寡婦に適用することを明記したものであることがわかる。そして，国及び地方公共団体は，上記の理念が具体的に促進される「責務」があることを第3条で明記しているのである。

この法律は，シングルマザーと言われる女性およびその子どもの生活問題全般に関して，規定しているものであるが社会保障の枠組としては，児童扶養手当等によっても支援がなされている。さらに社会福祉の領域で女性を対象とする場合にとって重要な制度，施設が次に示す「母子生活支援施設」である。この福祉施設は，根拠法は，母子及び父子並びに寡婦福祉法ではなく，児童福祉法に規定されている施設である。

母子生活支援施設とDV

児童福祉法第38条には以下のような条文がある。「母子生活支援施設は，配偶者のない女子又はこれに準ずる事情にある女子及びその者の監護すべき児童を入所させて，これらの者を保護するとともに，これらの者の自立の促進のた

めにその生活を支援し，あわせて退所した者について相談その他の援助を行うことを目的とする施設とする」。ただこの施設の内容と性質は，児童および女性（母）の福祉というものなので，女性の福祉を理解するために本書では，法律分類上の児童福祉領域のところではなく，この章の女性の領域で扱っている。

　この法律は，1998（平成10）年の児童福祉法改正により，名称が「母子寮」から「母子生活支援施設」に変更された。現在でもかつての通称「母子寮」で親しまれ，関係者の間ではその名前で読んでいることもあるが，その目的について，「自立の促進のためにその生活を支援し」として，「保護する」から「保護するとともに，生活を支援する」と「生活支援」と「自立」という観点が付加され強調して改正されている。

　さらに2002（平成14）年に厚生労働省から出された「母子家庭等自立支援対策大綱」では，「母子生活支援施設や住宅など自立に向けた生活の場の整備」のもと，地域で生活する母子への子育て相談・支援や，保育機能の強化，サテライト型などの機能強化が求められるようになり総合的な施設へと改変してきている。

　とりわけ近年の重要な強調点は，社会問題化しているドメスティック・ヴァイオレンス（DV）の被害者保護の観点から，改正DV法（「配偶者からの暴力の防止及び被害者の保護等に関する法律」，2004年改正）に基づく被害者にとっても避難場所としてのシェルターのような一時保護施設としての機能が求められるようになっている点である。現在では，母子生活支援施設の利用者のうち，一時保護的に使う場合が一番多くなっている。DV被害者の保護から自立支援を進めるための重要な施設と国によって位置づけられ，今後ますますそのニーズが高まっていくであろう。今後とも増え続けるこのDV問題に果たす同施設の役割は大きく，より福祉的な支援機能も拡充すべきであろう。むろん，DV問題は，本来あってはならない男性の女性への暴力という人権侵害であり，家庭等という密室のなかでのそのような暴力は断じて許してはならないもので，その抜本的な対策が急務であることは明らかである。ただし，現にDVが後を絶たない現状では，一時避難的なシェルターが各地に必要であり，その保護的

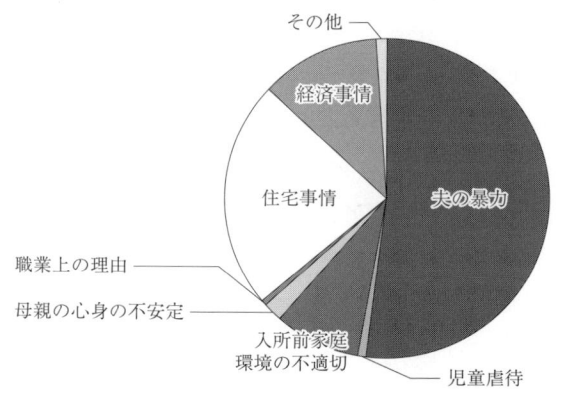

第Ⅱ部　現代の社会において人権は守られているのか

図9-1　母子生活支援施設の入所理由

（円グラフ：夫の暴力、経済事情、その他、住宅事情、職業上の理由、母親の心身の不安定、入所前家庭環境の不適切、児童虐待）

出所：全国社会福祉協議会（2011）「全国母子生活支援施設実態調査」．

観点，福祉機能を拡充していくべきである。

　全国社会福祉協議会・児童福祉部全国母子生活支援施設協議会の全国母子生活支援施設実態調査（隔年実施，2011年）によると，利用者に関して興味深い結果が明らかになっている。その調査の分析結果を要約すると以下のとおりである。

　①　「暴力」と「貧困」を背景とする入所理由が増加（図9-1）

　在所世帯の入所理由として2011年では「夫の暴力」43.2％，「住宅事情」23.5％，「経済事情」15.5％であった。入所理由の8割が「暴力」と「貧困」である。

　②　障害のある利用者の増加

　母親の24.1％に何らかの障害があり，12.5％の子どもにも障害があった。前回調査では，母親22.9％，子ども10.6％であり，障害のある利用者が母子ともに増えている。

　③　利用世帯は，「社会的貧困世帯」であるということ

　就労収入は正規雇用で15万円未満が67.8％，非正規雇用では15万円未満が91.8％にも及び，さらに10万円未満が60.4％を占める低所得・貧困状態（平成18年度国民生活基礎調査の一般母子世帯1世帯当たりの平均所得は211万9千円で，月

額17万7千円)。

④　減り続ける正規雇用

雇用形態としては正規雇用が減り（平成20年度18.0％→平成22年度16.2％），非正規雇用においても時給によるパート勤務が増加。

⑤　施設数も減少，暫定定員施設は増加

平成20年度の施設数は272施設に対して，平成22年度では265施設と減少。平成8年度の307施設と比べると42施設減少。要因は公設公営施設の閉鎖。暫定定員となっている施設が121施設（回答施設255の47.6％）[5]。

このような調査結果から，いかにこの施設を利用している女性たちがこの男性優位社会にあって追いつめられた生活を強いられているのかがわかる。文字通り暴力等により男性から抑圧された生活を強いられているのである。それは男尊女卑が実は過去のものではなく，いかに男性が女性を言葉により，実際の暴力により，抑圧しているのかという実態でもある。ただ，この事実は周知されることなく，なかなか表には出てこない。なぜなら被害者である女性が男性から逃れるために，できるだけ目立たないような生活を強いられているからである。母子生活支援施設も，DV被害女性のシェルター的機能をもっているために，あまり他の社会福祉施設のように地域のなかでも目立たないことが多い。

以上が，DV関連の実態と対策である。女性の福祉を語る場合にそれはあくまで一面であり，もっとたくさんの領域がある。

抑圧構造にあるマイノリティ

社会福祉の六法に示された貧困，児童，障害，母子及び寡婦，高齢について，これまで本書では限定的にポイントを絞って取り上げた。もちろんここで取り上げたものだけが社会福祉の対象領域すべてであると考えるのは大きな誤解である。というより，社会福祉の対象というのはあらかじめ定まった固定した対象があるのでなく，社会問題及び，抑圧構造がある限り，それは社会福祉の対象となっていくのである。今回は，社会福祉六法を中心に絞って述べてきたが，繰り返すがそれらだけが社会問題，社会福祉ではない。

これまで取り上げた内容から，その他にも，この社会には抑圧されている諸問題がたくさんあるということを，ぜひ身近なところから調べてみてもらいたい。そこに共通しているのは必ずといっていいほど社会のなかで抑圧されているという複雑な状況と構造があり，その人たちの権利が著しく侵害されているという実態である。

　たとえば，今回は取り上げていないが，セクシャル・マイノリティ（あるいはLGBT）の問題，日本にいる外国人差別の実態，先住民族のアイヌ等民族差別の問題，同和問題，ハンセン病，HIV・AIDS問題，など一つひとつ取り上げても重大な反人権の状況にあり，未だ解放と解決が不十分なテーマばかりである。それらについても，国連が定めた国際人権宣言がいうところの人間の尊厳が踏みにじられ，人権侵害がどのようにして起こっているのかなどについて，歴史的な課題，現代の課題など探究していかなければならない。

　先人たちが，立ち向かった結果として具体的な法律と制度としての社会福祉六法が成立したように，これらの領域でも制度的欠陥もまだ多く残されており，さらなる確固たる制度や福祉的諸サービスが求められている。読者のみなさんには今後さらなる関心をよせることと，貢献が求められている。

注

(1) Hartman, Ann (1991) "Words Create Worlds," *Social Work,* vol. 36, No. 4.
(2) アムネスティ公式HP (http://www.amnesty.or.jp/human-rights/topic/women/) (2013年9月9日閲覧).
(3) 内閣府 (2013)『子ども・若者白書』.
(4) 出エジプト記22章21節から23節，新共同訳.
(5) 全国社会福祉協議会 (2011)『全国母子生活支援施設実態調査』.

第Ⅲ部

人権を支援するソーシャルワーク

第Ⅲ部　人権を支援するソーシャルワーク

　第Ⅰ部では，社会福祉にかかわる人権を国際的な条約等を中心に考察し，その基本について述べ，特に人間の尊厳について説明してきた。第Ⅱ部では，社会福祉の領域においてそれが実際にどのように守られているのか，あるいは抑圧された状況になっているのかについて具体的な例をあげながら整理してきた。そしてこの第Ⅲ部では，それらを踏まえて，最終的にそれを社会福祉の専門的援助（ソーシャルワーク）として，どのように具体的に支援をするのかという対人援助の課題について深めていきたい。

　ところで，第Ⅰ部でも述べたが，ソーシャルワークとは，国際ソーシャルワーカー連盟（IFSW）の定義によると「ソーシャルワークは，社会変革と社会開発，社会的結束，および人々のエンパワメントと解放を促進する，実践に基づいた専門職であり学問である。社会正義，人権，集団的責任，および多様性尊重の諸原理は，ソーシャルワークの中核をなす。ソーシャルワークの理論，社会科学，人文学，および地域・民族固有の知を基盤として，ソーシャルワークは，生活課題に取り組みウェルビーイングを高めるよう，人々やさまざまな構造に働きかける。この定義は，各国および世界の各地域で展開してもよい。」（社会福祉専門職団体協議会国際委員会＋日本福祉教育学校連盟による日本語定訳）となっている。さらに付記として，「人権と社会正義は，ソーシャルワークの活動に対し，これを動機づけ，正当化する根拠を与える」（IFSW, 2000年定訳）と主張されているように，人権は，ソーシャルワークの根拠の原点であるというのが，国際的なソーシャルワーク理論の共通の理解となっている。

　さて，この社会福祉の理念と構造に基づいて，実際にそれを支援するのがソーシャルワークである。ソーシャルワーク（社会福祉援助）の構造は，英語のhelpという動詞の文法構造「主語＋help＋人＋動詞」のなかにそのヒントがある。つまり，ソーシャルワーカー（主語）は，利用者（人）が何かするのを助けるという構造である。つまり，ソーシャルワーカー（主語）が，直接に，利用者（人）を助けるのではない，ということである。

　いくつかの例文を紹介すると，I helped her (to) find her things（直訳：私は彼女が彼女のものを探すのを助けた）。Peter helped me (to) pass my exam

(直訳：ピーターは私が試験に合格するのを助けた)。

つまり、ソーシャルワーカーは、直接に「誰か」（利用者）を援助するのではない。「人（利用者）が自ら……するのを」支援するのであって、もし人（利用者）が……をしないなら、支援できないということになってしまう。サミュエル・スマイルズ（Samuel Smiles）が『自助論』（*Self Help*）のなかで述べ、欧米の諺にもなっている「天は自らを助くる者を助く」という発想も、この構造と同じである。このような文の構造は、日本語にはあまりなじみがない。しかし英語表現では、無意識のうちにこのような表現を使っており、日本語の「誰かを援助する」という表現とはかなりニュアンスが違う。

これこそ、欧米の自立の思想の根幹をなすものであり、ソーシャルワークも同じ構造である。ところで、電動アシスト自転車というのが、最近、多くの人に利用されるようになっている。筆者もこれを愛用しているが、これは、モーターバイクでもなく、普通の自転車でもない。名前のとおり電動式で、必要に応じて人が自転車を漕ぐのを助けてくれる。しかし漕がなければ電動アシスト機能は作動しない。坂道などで、助けが必要となれば、人が自力で漕ぐことを前提として、それを電動機能が助けてくれる。あくまで人が漕ぐのをサポートするのである。通常の道など、自力で十分に運転ができるときは、あまり電動アシスト機能は作動しない。つまり、モーターバイクのように常にエンジンが作動するのではない。これは、先のHelpの文の構造や、それに基づくソーシャルワークのサポート、つまりここでの自立を支援するという発想とよく似ている。すなわちあくまで利用者が自らを助けようとするのを側面的に支援するのである。目下、ソーシャルワークの理論で注目されている、エンパワーメント、ストレングスの理論もこれと同じ発想法である。人々に物（金銭）を与えるのではなく、人々が力を得られるように支援する、という考えである。

かつて、土居健郎が指摘した「甘えの構造」（1971）は、欧米的自立の思想の対極として理解すると、このヘルプの構造が日本にはなじみが薄く、どちらかというと直接的に援助を求める人に「誰々に……してやる」「誰々を助けてやる」ということになりがちであることを教えている。このような文脈で助け

第Ⅲ部　人権を支援するソーシャルワーク

られた人は，助ける人に「甘える」という依存関係，あるいは助ける人は助けられる人に「してやる」というような支配関係に陥りやすくなる。もっともこの「甘え」そのものをネガティヴなものとしてとらえ，それを劣等な文化のなかに生まれる人間関係としてとらえるべきではない。それは，日本人のメンタリティの一部であり，欧米の文化と違う点であろうが，ソーシャルワークの援助構造に見られるような支援は，自立を常に意識した発想である。

この援助構造を前提として，以下では，これまで議論してきた抑圧された人々に対する社会福祉の専門的な援助論（ソーシャルワーク論）の基本を展開していきたい。

さて，これまで第Ⅰ部，第Ⅱ部で述べてきた社会福祉と人権を，社会福祉援助や実践のなかで応用するとなると，以下の三つの福祉の権利として要約されることになる。さらにそれぞれを日本国憲法の条文と対応させると以下のようになる。

　一つは，そのままで存在してもよい権利（第25条）生存権
　二つは，他人と違っていてもよい権利（第13条）平等権
　三つは，自分のことは自分で決めてよい権利（第12条，第14条）自由権

それはまた日本国憲法が保障する基本的人権の三つの権利，すなわち，社会権（生存権），平等権，自由権，にそれぞれ対応している。

以下では，この三つの権利に基づいて，できるだけ具体例をあげるなどしながら，社会福祉援助論（ソーシャルワーク論）との関係を説明していきたい。社会福祉の援助とは，これらの権利に基づいて，人間の尊厳を再確認し，社会によって抑圧された人々を解放して自立した個人として尊重していくものだからである。

第10章

そのままで存在してよい権利（生存権）の保障と支援

憲法第25条の生存権の条文「すべて国民は，健康で文化的な最低限度の生活を営む権利を有する。2　国は，すべての生活部面について，社会福祉，社会保障及び公衆衛生の向上及び増進に努めなければならない」ということについて，第Ⅰ部，第Ⅱ部では主に，生活保障として，特に貧困問題のかかわりのなかで説明をしてきた。

しかしこの第25条は，生活保護だけにかかわるものではなく，基本的人権の根幹にある，そのままで存在してよい権利（人間が人間であるゆえに価値ある存在であること）を示している。本章では援助者としてのソーシャルワーカーが社会福祉の課題にかかわる際に，より根源的レベルで，この生存，あるいは存在そのものの意味について掘り下げつつ，そのままで存在してよい権利（生存権）を支援するということがどういうことなのかに焦点をあてていくこととする。

存在することの意味

人を評価する時，その人間のなした行動（doing），あるいはその人の所有（having）するものによって評価するというのが常である。たとえば大学入試では，受験者の学力をはかるのにその言語能力，数理解析能力，論理分析力，教養的知識などをペーパーテストという手段によってはかる。あるいは，大学の学期末テストも，当然ながら学生がそのクラスで獲得した知識や理解力などを中心に評価する。また就職試験では，「人物」を評価するといっても，結局は将来その会社にとって「役に立つ」人物か否かという指標を使うことになる。スポーツや音楽などはこの点もっと明確である。競技に勝つのは，より高いパ

フォーマンスを達成したものだけであり，イチローはヒットを打つことで評価され，白鵬は勝つことで横綱になる。小沢征爾も優れた演奏を披露することで賞賛される。こういった選抜は特別のことのように思えるが，これはある面で社会の縮図であり，自由主義社会の構図のそのものなのである。

そのような特殊でない者でも，我々は人を，その人自身ではなく，その人の行為（doing）で評価し，自分もそのように評価されている。その人がどんな家を所有しているか，どんな車に乗っているか，装飾品，衣服，などが他者に与える影響を考えてみればいい。そういうものが評価にならないと言うことのできる人でもたとえば地位や社会的立場はどうであろうか。

ビジネスの間では名刺交換はもはや社会の常識になったが，名刺の上には肩書きが記されてあり，さらに会社などの所属が書かれてある。そして，その肩書きや会社名や所属が自分の名前の前に記されているのが日本の名刺の特徴である。この場合，人々は初対面で，名刺を交換しながら，住所などの情報交換をしていると同時に，（密かに）肩書きなどを伝えることになり，社会的評価をしあっていることにもなる。あたかも犬が臭いを嗅ぎあって「挨拶」し，鹿が，初対面で角の長さで互いの実力を競って，序列づけをして実力を計っている姿と重なる。我々はこのような動物の習性や姿をみて奇妙に思うが，逆に動物たちから人間社会をみると，「人間という動物」もこっけいな挨拶をして序列づけをしているように映っているかもしれない。

このような姿は実は，doing, having という行為や所有による評価をそのまま反映しているものである。ソーシャルワーカーはこのような評価にどのように取り組む必要があるのであろうか。重度障害者，自分自身が誰であるかもわからなくなった認知症の高齢者，精神病院で長期に入院生活を送っている精神障害者は，確かに「一般の人々」のように職業などの「業務」を遂行できないかもしれない。しかし，そのままで存在してよい権利（生存権）という視点によって考えると，かれらの存在それ自体でその人々の尊厳と普遍的価値を認めていくという視点が求められる。

第10章　そのままで存在してよい権利（生存権）の保障と支援

人格がないと人間ではない？

　1999年に，当時東京都知事であった石原慎太郎氏が，重度障害者の府中療育センターを視察したことがあった。そのときに発言した「ああいう人っていうのは人格あるのかね」といういわゆる「人格発言」は，当事者団体やマスコミから「失言」として厳しく批判された。その真意をめぐって一時議論が巻き起こったが，批判は残るものの，必ずしも当事者を侮辱したものではなく，またそれは「作家のイマジネーション」に属するものとして一定の収拾がついた。しかし，これがきっかけとなって改めて人間存在の価値，生命の尊厳，そして「人格とは何か」という本質的な課題を問うことになった。

　ところで，社会福祉の人間尊厳の思想とは異なる価値観が学問上重要な位置を占めようとしている。それは，生命倫理学で注目されている「パーソン論」(the person theory) である。それによると，人間が人間である根拠をなすのは，端的に言うなら「人格」（パーソン）であり，それを強調することにより，結果的に必ずしもすべての「ヒト」がパーソンであるわけではないとする。ここで言う，パーソン（人格）とは，「自己意識をもった自己」のことである。この理論によればたとえば胎児，自己意識に欠けた者，不可逆的昏睡状態にある者（植物状態の患者）等は，生物学的な「ヒト」ではあっても，パーソンではないとする。このような発想法は，これまで論じてきた社会福祉の価値観とは相容れないし，人間とは何かについて重大な挑戦をしていることになる。奇しくも，石原慎太郎の「失言」とされた先の発言とこれが重なるのである。石原氏はそのことを意識はしていないのであろうが。

　いずれにしてもパーソン論では，「人格」――ここでは意識を前提として知的活動を中心とした精神性という概念に近いのであろうが――を人間の軸にすることによって，結果的に身体性や霊性など全体としての人間存在 (being) それ自体を見るという視点を拒否しているのである。その結果，社会全体の利益という観点から，これらの人びとの生命価値を抹消するというような極論をする論者が出現するなど，「恐ろしい」結論さえ導き出される可能性を有している。

第Ⅲ部　人権を支援するソーシャルワーク

必要とされること

　福祉利用者は，多くの場合このような社会の評価に傷つき，抑圧され，それゆえに助けを求めてソーシャルワーカーの前に現れた存在であるということができる。この doing, having の評価に対抗するもう一つの対抗軸が being（存在）である。行為や所有ではなく，その人の存在そのものを積極的に評価するという視点である。ソーシャルワーカーはこの視点をもつ意味を改めて確認する必要がある。

　事故で一命を取りとめたが，重度の身体障害をもつようになったFさんは，リハビリ後，車椅子生活となり，何とか身体の一部だけが動くことが可能となったが，全面的な介助が必要とされ，発声もできず，コミュニケーションには補助器具を使わざるを得ず，大幅に活動が制限されていた。Fさんは嘆く。「それまでは仕事を通じて，仲間に認められてきたし，社会的にも高く評価されてきたが，事故を機に，すべてを失った。仕事はできなくなり，あげく最近離婚して家族も失い，今は施設で，つらい絶望的な長い一日を送っています」。

　Fさんが体験したものはこれまで多くの中途障害者が経験する社会の自分への価値観の変化である。障害をもつまでは，ほとんど意識すらしなかった厳しい「世間」の「まなざし」の前に圧倒されたというのである。そして今まで自分が評価されていたのは，実は自分自身の存在ではなく，自分の職業やその業績であり，自分の所有しているものに過ぎなかったという厳しい現実を認めざるを得なくなるのである。

　Fさんは，「今一番つらいことは，周囲（社会）が私を必要としなくなったと感ずること」だと述べた。これは，アメリカの神学者のパウロ・ティリッヒ（Paul Tillich）が，「ソーシャルワークの哲学」（The Philosophy of Social Work）で明らかにした「必要とされるという感覚」（the feeling of being necessary）そのものである。ティリッヒは，すべての人がこの感覚を求めていると断言する。そして，「自分は必要とされていない，あるいは単にやっかいものと感ずる人々はまったくの絶望の淵に立つことになる(2)」とし，現代社会に巣食うこのような絶望感との対決こそが「ソーシャルワークの最終目標」（final aim of social work）と位置づけた。確かにどんな子どもも親等から「あなたが必要だ。かけがえのない存在だ」というような（それは，別に言語化されてなくても）メッセージを受け続けるからこそ安心して成長できるのであろう。

その逆が，本書の第6章で扱った虐待ということになる。子どもだけでなく，実はすべての人に，これは必要な感覚なのである。子どもにとって愛されるという原体験は，後の発達にどれほどの大きな影響となるかをいくら強調しても過ぎることはない。マザー・テレサ（Mother Teresa）も同様のことを主張している。インドの貧しい人たちが，路上であたかも「もの」のように扱われ，誰からも必要とされなくなっている状況ほど，惨めなものはない，と。

人間は存在そのものである

つまり，社会福祉において人間は，doing ではなく，存在そのものである being という存在の視点でみられるべきなのである。この発想の根拠は，フロム（Erich Fromm）も言及し，より古くは古典的神秘主義にもすでにみられる思想であり，その起源は，イエスやパウロの思想に遡ることができよう。日本でも秋山智久は，これらの人間尊重の概念を提起している(3)。このような存在論的発想は，重度の障害のある人々，認知症の高齢者，などの援助に適応すると，真の意味での人間尊厳と人格尊重につながり，ソーシャルワーカーにとって新たな知見が得られ，これによって価値観の逆転が起こる。当然そこには，社会の従来の価値観との緊張関係が生まれる。そのようななかで，ソーシャルワーカーは，その価値観に対抗すべく，利用者の「存在の重み」(4)を擁護（アドボカシー）する必要がある。

憲法第25条で規定する生存権は，このことを保障するものである。それは，社会にあって，何もしなくても（できなくても），何の役にたたなくても，ただ自信をもって堂々と存在してよい権利だと解釈したい。つまり，ただ「存在する」というのが，もっとも価値あることであり，人間としての究極の奥義であり，もっとも深遠なことがらであるということである。超自然的な奇跡や何かの偉業をはるかに越えることである。シェークスピアの名ゼリフではないが，

まさに "To be or not to be, that is a question"（「生きるべきか，死ぬべきかそれが問題である」と訳されているが，これを直訳すると，「存在するか，存在しないかそれが問題である」）なのである。結局，何をなしたかという行為や業績という目に見える可視的な側面ではなく，人間の存在そのもののなかに人間の尊厳を認めていこうとする，基本的人権の根底にある価値観の発想が必要である。

以上のことからソーシャルワークにおいては，まずは利用者の存在自体に目を向ける社会福祉哲学の構築が重要となる。

存在を受容する

人間にとって「行為」ではなく，「存在」がいかに重要な価値観であるかを述べたが，ここで受容とは，その存在をありのまま受け入れることであると定義できる。つまりありのままの存在をそのまま肯定して受け入れることである。憲法第25条の生存権の観点で言えば，たとえ社会において仕事や役割が何もできなくても自信をもって堂々と生きてよい，生活してよい，というメッセージを送り続け，その権利を保障することである。その具体的な保障が，生活保護などにつながる。

ソーシャルワークや心理学において対人援助論を展開したバイステック（Felix Paul Biestek）やロジャーズ（Carl Rogers）も，援助の基本原理として掲げているのは，援助者が利用者のありのままを受容（acceptance）することの重要性である。この場合，受容するとは，利用者の存在のありのままを偏見なく，そのまま受け入れることである。ロジャーズは，利用者が潜在的に本来もっている意志と力をそのまま肯定し，利用者自身が自ら問題を解決していくプロセスを軸にしたクライエント中心療法を考案したが，その基本になっているのもこの受容の発想である。(5)

自己受容できない人は他者も受容できない

ところが，ソーシャルワークの受容には以下のような問題がある。それは自分自身を受容できない人間（ソーシャルワーカー）が果たして他者（利用者）を

受容することが可能なのか，ということである。受容するというのは，ここでは「愛する」という言葉に置きかえることも可能である。つまり自分を愛することができない人が他者を愛することが可能なのかという問題である。

聖書の「自分自身を愛するようにあなたの隣人を愛しさない」というメッセージを想起されたい。残念ながら多くの人は，この言葉を半分に区切って，「あなたの隣人を愛しなさい」という倫理実践としてだけ理解してしまっている。一方で，「自分自身を愛するように」というもう一つの重要なメッセージを見落としている。

それは「自分を尊重しなさい」（respect yourself）と置き換えることもできる。第1章で紹介した，カナダのトロント市にある小学校の教室に貼ってあった標語の，「嫌なことは Say, No!」とはっきりと断ることにより自分（の権利）を大切にしなさいという教育と重なる。これは子どもの頃から自己を尊重するという自己認識，あるいは自己肯定観を教育によって導いていこうとするものであろう。つまり自己を尊重し，自分自身をありのまま受容できて，はじめて他人を受容することができる。ところが，その正しい自己へのケアができなくなることが残念ながら今日では決してめずらしくない。

当然であるはずの「自己を尊重する」という前提が今崩れてきているのである。特に日本の若者の状況は深刻である。世界でも注目されている日本の若い女性に多いリストカット，摂食障害などは，いずれもセルフイメージにかかわるものであるとされている。様々な国際調査によれば，日本の若者のセルフイメージが極端に低いことが問題視されている。財団法人日本青少年研究所の日・米・中・韓4か国の調査では，「わたしは価値のある人間だ」「自分を肯定的に評価するほうだ」「自分に満足している」「自分が優秀だと思う」など，自尊感情を示す項目で，日本の高校生がもっとも低い結果が示された。[6] これはむろん若者だけではなく，日本人全体の意識でもある。確かに，私の周囲の真面目で優秀な学生たちが自分を大切にできない，「自分自身への嫌悪感」を表明する学生が多いことに驚いている。言い換えれば，ありのままの自分自身を受け入れられないということになる。あるいは自分が赦せないと表現する人もいる。

その原因は，様々なことが考えられようが，一つは幼少の頃より競争を強いられる子ども時代，受験の激化などによることも一因であろう。家庭で，学校で，社会で周囲からその人自身の存在自体ではなく，その人がなした行為によってのみ評価されることが習慣化してしまった結果ということである。行為ではなく，存在として受け入れられ，愛されるという感覚が喪失されているという深刻な状況になっている。いずれにせよ，子ども時代より自分を尊重し，大切にすることを学ぶ必要がある。そうでないと，他者を愛するということは不可能になるからである。

　それは，自分を受け入れることができない人は，決して他人を受け入れることができない，また，自分を愛することができない人は，他人を本当の意味で愛することができない，という命題である。自分を受け入れることができない親，愛される経験をあまりしてこなかった人が親になったときにわが子を受け入れ，愛することに困惑するということは，しばしば指摘されるとおりである。むろんそれは公式のようにあてはめるべきものではないが，赤星進は，精神医学の観点から，エリクソン（Erik Homburger Erikson）の発達論を解釈して，親から幼少期に得た信頼が大きければ大きいほど，後に他者を信頼できる可能性が高くなると指摘している[7]。

　むろん，だからといって100％満足できる環境にいる人などいない。人は何らかの不充足のなかで生きている。「自分を受け入れる」というのは，100％ではないまでも仮に70％に満足し，残りの30％は，改善努力を要するのか，それとも変化が不可能なのかを見極めた上で，改善できるのであれば懸命に努力するが，もし不可能なら，その状態を肯定的に認めることを指す。

　京都の臨済宗の龍安寺にある有名な石庭は15の石からなる美しい庭園である。しかし，真上から見ない限り実際にはどうしても1つの石が隠れて14の配列にしか見えない。東洋では15が完全に満たされた象徴的な数字（十五夜の満月など）ということから，この15に1つ不足している14という数字の配置は不思議であるが，禅問答的に問うなら「足らざるを知る」という不完全さを享受するということになるようである（ただし，室内のある一か所だけから15の石が見える

第10章 そのままで存在してよい権利（生存権）の保障と支援

という説もある）。禅の知恵を用いた精神療法で，世界的な認められるに至った森田療法は，人間の「あるがまま」を受け入れることを説いたことで知られているが，それを理論化し，また援助の技術として体系だてたものである。つまりその根底にあるのは自己受容である。このように受容とはまず，自己を受容することを起点とする。他者を受け入れる前提として，まずはソーシャルワーカー自身が自己を受け入れるためのスーパーヴィジョンが必要とされる。

　神学者ニーバー（Reinhold Niebuhr）の祈りは洞察に富む。それは，「主よ。自分に変えられないものを受け入れる落ち着きを（serenity）。変えられるものは変えていく勇気を（courage to change）。そして二つのものを見分ける賢さを（wisdom to know the difference）」（聖学院大学公式サイト）となっているが，この祈りに示されているように，ソーシャルワーカーは，専門職として，背伸びした姿ではなく，ありのままの自分自身の存在（being）を受け入れていく「勇気」が必要である。

他者の受容——存在そのものを受け入れる

　ソーシャルワーカーが自己のありのままの存在を認める自己受容について述べてきたが，それを前提として，ソーシャルワーカーは，目の前にいる利用者の存在を受容することになる。むろん，受容するとは，利用者のなした悪行を認めるということではない。利用者の行為ではなく，利用者自身の存在を受け入れるのである。行為と存在の関係については，先述したとおりである。

　少年J君は，度重なる非行を繰り返して児童自立支援施設（児童福祉法）に入所していた。万引き，窃盗，無免許運転，などと非行歴は数え切れない。担当のソーシャルワーカーは，彼との関係において，この態度の改善をはかろうとすればするほど，裏切られた感を抱いてしまっていた。彼を受容するといっても，それは，現実離れしているように思われた。しかし，受容するとは，必ずしも精神論でもなく，それは一つの能動的な行為である。またしばしば誤解されているように，悪でも認めるというのではなく，善悪の判断は明確にすべきで，まず，彼の悪い行為については，その過ちについて認めさせるべきであ

る。しかし一方で、その行為によって、彼自身の存在価値までを否定してはならないということである。これは、感情の問題ではなく、意志の課題である。彼は、過ちを犯したが、その存在は、受け入れなければならない。

さらに受容するとは、少年J君の場合で言うと、彼がなぜ、そのような非行を繰り返すのか、という彼の背景を理解（受容）することである。これには、ソーシャルワークの専門的な知識が必要とされる。人間の行動パターン、生育歴、社会環境なども考慮に入れる必要がある。なぜそのような行動をとらざるを得ないのか、ということから、利用者をとりまく状況を理解しようとすることになる。そうすることで、彼をより身近に理解でき、その変化を期待することへとつながっていく。

存在と場所

何か活動しようとする時、「場」は必要不可欠である。たとえば能力がある野球選手が本当に活躍するには所属するチームや、ゲームという「場」が必要である。これと同じくソーシャルワークには、個人を覆う土台としての共同体、自己と他者をつなぐ関係性、具体的な活動の機会としての「場所」が必要である。

「場所」とは、哲学用語では、トポスと呼ぶが、その原意は岩隈直によると「場所、地域、席、もののあるべき所、余地、機会、可能性」[8]である。場所には大きく二つの意味合いがある。一つは、観念的世界を具象化させるものであり、抽象的な観念の世界にあることがらが、一つの「場」が与えられることによって具体的機会を与えられることになる。「潜在的可能性」（セン）をもっている人間が、その可能性を実証するには確かに「場」が求められる。

またもう一つ、場所には物理的な空間以上に人間に根源的な意味を与えるものとしても理解される。たとえば学校や教会が、もしそれが物理的な建物としての場所だけであるなら魅力を失うであろう。家（house）も構成員の意味ある生活空間によって家（home）へと転換するというような例である。それは個人が他者と共にあるという共同体意識という言い方もできる。

第**10**章　そのままで存在してよい権利（生存権）の保障と支援

存在を認めてくれる場所

　先述したマザー・テレサの「人間にとってもっとも惨めな状況とは誰からも自分が必要とされない」ということであるという言葉を紹介したが，誰もみな自分を必要としてくれる意味空間があるかどうかが重要である。これが「居場所」である。家庭，学校，職場にもその存在を認めてくれる居場所が必要となる。個人という単位においてもその存在を明確にさせるために身体という場所がある。「透明な存在の自己」とは，かつて神戸の殺人事件を犯した少年の言葉であるが，それを周囲に認めさせたいと彼は奇しくも言っていた。存在を示す場所がなかったということか。レイン（Ronald David Laing）は，名著『自己と他者』のなかで，以下のように述べた。

　　すべての人間存在は，子供であれ大人であれ，意味，すなわち他人の世界のなかでの場所を必要としているように思われる。……少なくともひとりの他者の世界のなかで，場所を占めたいというのは普遍的な人間的欲求であるように思われる。[9]

　実は，存在が意味をもつためにはその存在を必要とする場所が重要であると述べたが，それは物理的空間という以上のものであり，それは意味を実現する精神的な空間としての場所のことである。つまり存在に意味を与え，存在自身にそれを確証させるものが場所となる。

　Rさんは，25歳になる精神障害の青年である。彼にとって20歳の頃から通っている地域にある社会福祉法人が運営する精神障害者地域生活支援センターが唯一の「居場所」であった。しかし，そこでも最近，他のメンバーと関係がうまくいかず，レクリエーションの運営をめぐって職員と衝突した。職員の説明によると「Rさんの自己中心的行動のため，センター内で浮いた存在になって，我々も処遇に困っている」とのことであった。Rさんは，その後，職員とは会話もほとんどせずにいたが，そこに手伝いに来ている高校生のボランティアには自分のほうから積極的に声をかけており，その若いボランティアの世話をすることが彼の大切な役割であると理解しているようだった。職員は，「ここでも居場所がなくなって，唯一，あの数人の高校生の生徒さんたちがRさんに

とっての居場所なのです」と説明していた。この場合，居場所は小さな人間関係のなかに見出されるのである。

　ハンセン病の元患者，自殺未遂の若者たち，アルコール依存に苦しむ人々，病院や施設にいる高齢者のナラティヴ・ストーリーを傾聴すると，Rさんの例にあるように「居場所がない」という言葉が共通している。神戸の殺傷事件の少年の透明な存在の彼にも自らを納める場所がなかったようである。

　居場所とは，英訳すれば"a place"ということになる。しかし，そこには物理的な空間以上にもっと深いニュアンスが含まれている。施設にいる高齢者は，自分が生活する物理的な場所は保障されているはずである。それでも「私には居場所がない」という。つまり居場所とはその人の存在"being"がおさまる場所，決して物理的な空間だけを意味していない。つまり先述したように存在に意味を与え，存在自身にそれを確証させるものが居場所である。

　これは，マザー・テレサやティリッヒが，人間にとってもっとも惨めなこととして掲げた「誰からも必要とされないこと」という指摘を借りれば，居場所とは，自分を必要としてくれる空間であるといえる。つまり居場所がないとは，誰も自分を必要としてくれないということになる。Rさんが精神障害者地域生活支援センターで，高校生とのコミュニケーションに居場所を求めているというのは，高校生が自分を必要としていることを通して自分の場所を自己確認しているということであろう。

援助する側の居場所

　場所を必要としているのは，実は困窮する側や利用者だけのものではない。かつてのように宗教的動機や他者が困窮しているからという愛他精神が動機ではなく，自らの存在を確認するために，あるいは自己実現のために，自らの「居場所」を求めて，援助活動やボランティア活動にいそしむ学生たちも少なくない。つまり，居場所を求めるのは，当事者だけではなくて，援助をする側も同様なのである。この「居場所」を求める二つの相互の人々が，地域のなかで出会うときに，そこには，一つの福祉コミュニティが形成される。

第10章 そのままで存在してよい権利（生存権）の保障と支援

　社会福祉の歴史の重要な遺産となったジェーン・アダムズらのハル・ハウス（Hull-house）というセツルメントとは，実はそのような場所であった。つまりその特徴は，「居場所」の視座であったのである。地域福祉の「地域」とは「居場所」と置き換えてみると，もっとはっきりする。もともとギリシャ語の場所を示すトポスという言葉には，「地域」という意味がある。アダムズのセツルメントの実践は，貧困者や生活困窮者がいるからそれを援助する「ための」場所が必要であるという客観的側面だけではない。援助する側も実は，「ともに」苦悩する存在であり，自分自身の存在が居る「場所」が必要であるという主観的側面がセツルメントの存在理由なのである。社会福祉実践というのは，社会的困窮者がいるという客観的側面だけでなく，それにかかわりたいという主観的側面の認識が重要である。そこには，援助を求める者と援助しようとする者がともに一つの安住できる場を形成し，互いが存在のおさまるトポスとしての「居場所」を形成する運動が展開されたのである[11]。

　実はアダムズ自身の場合も，青年期に生きる意味を喪失して精神的危機を経験した[12]。彼女の場合，そのような利己的（self-seeking）な個人主義の閉鎖状況を打ち破り，自らの実践の場所であったハル・ハウスが彼女自身の居場所となって自らを解放していったのである。結果的に，それが閉鎖的な利己主義，地域主義，国家主義を超えて，真のグローバリズムへと向かって発展していったのである。このような居場所をつくっていくというのが，ソーシャルワーカーの重要な役割であるといえる[13]。

　居場所を創造していくことは，憲法第25条の生存権の健康で文化的な最低限度の生活を具体的に実現させるものである。つまり，誰であっても，社会の構成員としてそのままで存在してよい権利（生存権）の保障，つまり居場所の保障ということになるのである。

第Ⅲ部　人権を支援するソーシャルワーク

注

(1) Tooley, Michael (1983) *Abortion and Infanticide*, London: Oxford University Press.
(2) Tillich, P. (1962) "The Philosophy of Social Work," *Social Service Review*, 36, 16.
(3) 秋山智久 (2000)『社会福祉実践論』ミネルヴァ書房，346：388.
(4) 神谷美恵子 (1981)『存在の重み』みすず書房.
(5) このようなアイデアの起源は，ロジャーズ自身が認めるとおり，ソーシャルワークの機能学派の祖とされるランク (Otto Rank) の意志療法 (will therapy) にある。
(6) 日本青少年研究所 (2012)『高校生の生活意識と留学に関する調査——日本・アメリカ・中国・韓国の比較』24.
(7) 赤星進 (1988-1990)『心の病気と福音（上）（下）』ヨルダン社.
(8) 岩隈直 (1971)『新約ギリシャ語辞典』山本書店.
(9) Laing, Ronald David (1961) *Self and Others*, London: Routledge.（＝1975，志貴春彦・笠原嘉訳『自己と他者』みすず書房，167.）
(10) 上田閑照 (1992)『場所——二重世界内存在』弘文堂.
(11) Addams, J. (1893) "The Objective Value of a Social Settlement," In Henry Adams (Ed.) *Philanthropy and Social Progress*, New York: Thomas Y. Crowell.; Addams, J. (1893b) "The Subjective Necessity for Social Settlements," In Henry Adams (Ed.) *Philanthropy and Social Progress*, New York: Thomas Y. Crowell.
(12) 木原活信 (1998)『J. アダムズの社会福祉実践思想の研究——ソーシャルワークの源流』川島書店.
(13) 木原活信 (2000)「ジェーン・アダムズと地域福祉」『地域福祉研究』No. 28.

第11章

みんな違っていてもいい権利の保障と多様性への支援

　　私が両手をひろげても
　　お空はちっとも飛べないが
　　飛べる小鳥は私のやうに
　　ぢべたを速くは走れない
　　私がからだをゆすっても
　　きれいな音は出ないけど
　　あの鳴る鈴は私のやうに
　　たくさんな唄は知らないよ
　　鈴と小鳥とそれから私
　　みんなちがってみんないい

（金子みすゞ「わたしと小鳥と鈴と」）

　「すべて国民は，個人として尊重される」（憲法第13条）に記されていることを私たちはどれほど意識しているであろうか。この短い言葉に示される憲法の理念は社会福祉の援助のなかでも重要なものである。それは個別性を尊重すること，という言葉で表現されるものであるが，それは他者の個別性を尊重することであり，つまり，他者の違いを認め，それを前提に生きることを認めることである。「みんなちがってみんないい」という金子みすゞの詩の世界に表現されるとおりである。それがそれぞれの「幸福追求の権利」を認めるということにもつながる。

第Ⅲ部　人権を支援するソーシャルワーク

名前を呼び合うことから始まる個人の尊重

　個別性の尊重とは，一つはユニークな一個の個人としてパーソナルな存在として認められるということ，もう一つは個人の差異が認められることである。

　まず，パーソナルな存在として認められるという点について説明しよう。我々は，当たり前であるが，名前を呼び合い，呼ばれあうという関係のなかに生きている。スイスの著名な精神科医であり，人間医学の提唱者でポール・トゥルニエ（Paul Tournier）は，著書『なまえといのち』のなかで，名前というのは人格そのものであり，名前のなかに人間の本質が隠されていると指摘している[1]。確かに親しい関係においては，誰も記号で呼ばれるのを好まないであろう。記号化された番号で各自が呼ばれるような社会になればどうなるか。学校，地域社会，職場で名前に代わって，「R5z5a7h5」などと記号によって呼び合う姿は想像できない。仮に記号によって用途は達成できても，そこにはパーソナルな関係は消えうせる。

　あるいは，社会学的な集合名称で呼び合うというのはどうであろうか。たとえば家族で，互いを「おい配偶者よ，早く食事にしてくれ」「第２番目に生まれた息子よ，勉強しなさい」などと。このようなことは想像するだけで，滑稽で違和感がある。これはブーバー（Martin Buber）が言うところの「我汝」の人格関係が欠落している極端な姿を示しているからである。そこには，人間がパーソナルな関係に生き，人間が互いを一個のユニークな存在である人格として認められたい，というニーズがあることを示している。つまりは個人個人が互いにユニークな存在であることを認めるということは，人間関係の前提である。

サラダボウルの国カナダ

　以前筆者が生活していた多文化主義政策を標榜するカナダで，シーク教徒の警官が，公務に際してもシーク教徒の帽子を被ることが認められる判決がなされた。確かにカナダの学校では子どもたちは，堂々とそれぞれの宗教や民族に固有の衣装，かぶりもの，キッパ，などを着用している。それぞれの学校も各

第11章 みんな違っていてもいい権利の保障と多様性への支援

自の習慣を最大限に尊重しそれを奨励している。制服に馴染んでいる日本とは大違いである。また2002年にはカトリック系の学校で同性愛の男子高校生マーク・ホール（Mark Hall）君が卒業パーティに同性の「恋人」を同伴することをめぐって，議論になったが，結果的に裁判所は，「マーク君は，自己である権利がある」ということで，彼の主張が全面的に認められた。

「出る釘は打たれる」という日本のことわざとは対照的にカナダでは，微細に至るまで個々人の差異を尊重することに国民のコンセンサスがある。多文化主義を国家政策として位置づけ，言語，宗教，文化，民族の違いを政府として認めていこうとするカナダと，伝統的に集団主義的な価値観をもっている日本とは好対照をなす。河合隼雄によるとアングロ・サクソン系のように一神教で絶対の価値をもたない日本は，多神教であるがゆえの，むしろ多様な価値を認める土壌があると主張する[2]のであるが，果たしてそれは事実であろうか。日本の場合，多様な価値を認めているのではなく，明確な自己主張や自己の価値観を主張することを嫌い，曖昧でぼんやりとした全体の「和」のなかに融合しているに過ぎないのではないか。つまり個人として自己主張することに不得手であり，集団と同じ価値（それも必ずしも明確な規範があるとも言えないが）に融合する。

個人を尊重するというのは，言い換えると，個人個人の差異にどれほど敏感であるかということになろう。「差異に敏感である」という表現は，山森亮の表現を踏襲している[3]が，彼はアマルティア・セン（Amartya Sen）のケイパビリティ・アプローチから説明している[4]。

カナダ最大都市のトロントの街を歩けば，英語，フランス語はもちろん，中国語，ハングル，スペイン語，などと多様な民族の言語が飛び交う。一説によると150以上の母語が飛び交っているという。何語を話しているかさえ判別できない。衣装や様式にしても民族衣装，宗教上定められた衣装と多様である。頭にターバンを被った人々，夏でも黒装束をまといキッパを被る人々，髭を長くはやしている人々，イスラムの価値観を標榜する人々。レストランでも多くは，肉食を好まないベジタリアン用料理が用意されている。また通常パーティ

などでも乾杯はあっても、皆一斉にビールで乾杯とはならない。各自が好きなドリンクを好きなように選択する。ワイン、ジュース、コーク、ジンジャーエール、水等と多様な選択肢が許される。アルコールを飲めない人、飲まない人に、なぜ飲まないのとは誰も聞かない。ましてや「俺の酒が飲めないのか」と迫ってくる上司もいない。仮にいても「飲みたくない」と言えば、それまでである。

　個人が尊重されるとは、このような多様な価値観を認めることであり、個人の差異に対して社会が限りなく敏感であるということであろう。同じ北米でも国のなかで融合して、互いが溶けあって一つになるという「るつぼ」文化（アメリカ合衆国型）とは異なり、「サラダボウル」あるいは「モザイク」「キルト」のように決して融合しない多様なままを許容するカナダでは、多様性の度合いが異なる。カナダでは国策として小学生のうちから、このような人間の差異を理解することが教育の重要な目標の一環として位置づけられている。肌の色の違う人々、言語、宗教、民族、文化も異なるなかで、幼少の頃より体感的に差異を感受できる環境が自然に与えられているといえる。恐らくこれらの習性のなかで、序章の問題提起で述べた「ヒューマン・ライツ」が自然に息づいてきたのであろう。

　筆者がカナダに家族で住んでいた10年ほど前、カナダの子どもたちが見るテレビ番組には、日本のポケモンやデジモンなどのアニメーションも英訳されて輸入されていたが、常時放映しているものに、"Little Bear"、"Franklin"、"Timothy" などがあった。これらはそれぞれ熊、亀、アライ熊が主人公の幼児から小学生低学年向きの番組である。興味深いのは、徹底した多文化主義的な色彩を反映したその内容である。"Little Bear" は、幼児向けで、主人公である熊のリトルベアとの親しい仲間の物語であるが、それは熊同士ではなく、フクロウ、蛇、人間（女の子）、アヒル、鶏、であり、そこで繰り広げる微笑ましい物語や冒険が、森の自然の光景、家族の愛情やファンタジーとあいまって美しく楽しく描かれている。

　"Franklin" は、小学生低学年向けの人気番組で、学校を舞台にした亀のフラ

第11章 みんな違っていてもいい権利の保障と多様性への支援

ンクリンのストーリーである。登場人物が亀同士ではなく，主人公の亀，親友の熊，ビーバー，きつね，ウサギ，カタツムリ，ガチョウなどである。そして，常に互いの差異を意識させることにストーリーの主眼がおかれている寓話である。互いの差異が理解できないために，ときに衝突したり問題を起こしたりするが，その差異を理解することで，友情を深めていくという展開になっている。たとえばのろまのカタツムリが，その「のろま」ゆえに仲間はずれにされそうになったりするが，互いの特性を知ることで友情を深めていく。展開は，限りなく異質性への理解に主眼をおいた多民族社会を意識させる格好の「教材」になっている。

"Timothy"も，学校生活を中心とした年少向けの番組であるが，同級生として犬，狸，狐，ねずみ，猫という異質の動物の学校生活が紹介されている。ヨウコという猫は，「日本人」で，彼女を通して，日本の着物や，竹とんぼ，すしなどといった異文化が紹介され，それをクラスの仲間たちが理解し，尊重することが強調されている。このように子どもたちが幼少の頃より見るテレビにおいても，徹底的に多文化主義が色濃く反映されていた。

むろん少数派の価値やニーズを認めるには，それなりの不便を伴うこともある。カナダのケベック州の独立をめぐるフレンチ・カナディアンの政治問題，英語，フランス語両方を使うことゆえの不便さ，英仏両語で書かれた看板や標識，二言語のために分厚くなったマニュアル，などである。しかし，それは，国家の責任により克服できる課題であるし，多少の不便さは甘受せざるを得ないであろう。これをソーシャルワークに適用すると興味深い。ソーシャルワーカーの課題は，どこまで人々の個別の欲求（あるいはニーズ）に対応できるかという点になる。バイステックは，個別化をケースワークの原則の第一原則として掲げた。それは人間のもっとも基本的なニーズの一つとして，個人として尊重されたい，ユニークな存在として個性を尊重してもらいたい，というニーズがあることを前提にしている。先述した議論を踏まえると，ソーシャルワーク関係においては，利用者は個人としてパーソナルなユニークな存在として認められたい。そして個人の差異を理解してもらいたいということになる。社会的

な集団のアイデンティティとして認めてもらうのではなく，あくまで個を単位とするのである。

　キング牧師のあの有名な"I have a dream"に登場する演説に，「私の子どもたちが肌の色ではなく，その人の人格によって評価される世の中がくることを」と言ったのは周知のとおりであるが，これは個人としてのニーズの典型的な表現である。たとえば「障害者」，あるいは「老人」は，かくかくしかじかのニーズをもつというのは一般論であって，それは，平均的な姿を示しているに過ぎない。しかしよく考えてみると「平均的障害者」や「平均的老人」等というのはどこにもいない。ただいるのは様々な多様な欲求をもった異質な人間が多様にいるだけである。ソーシャルワーカーは，利用者の多様な価値観や差異に向き合わなければならない。集合的なニーズではなく，個人の個別のニーズである。これが利用者を尊重するということである。

　日本国憲法の個人の尊重という理念をもとにすると，それは一人ひとりの個性を尊重し，互いの違いを認め合い，差異に対して敏感になることである。こうして多様性への支援——みんな違っていてもいい権利の保障，ということにつながる。

　第9章で述べたマイノリティの支援は，まさにこのような視点が必要になる。同質性ではなく，差異を前提にすることによって，マイノリティの理解と福祉が可能になる。

注

(1) Paul Tournier（1975）*The naming of Persons,* Harper & Row.（＝1977，小西真人・今枝美奈子訳（1977）『なまえといのち——人格の誕生』日本YMCA出版.
(2) 河合隼雄（1986）『宗教と科学の接点』岩波書店.
(3) 山森亮（1999）『アマルティア・セン／規範理論／政治経済学』京都大学博士学位論文，14-15.
(4) 同前書，31-41.

第12章

自分のことは自分で決める権利の保障と支援

　「国民に保障する自由及び権利は，国民の不断の努力によつて，これを保持しなければならない」という憲法第12条の示すとおり，個人個人が自由に生きることを保障するということは一人ひとりの基本的人権の一つである。そしてその視点にたって支援をしていくということは重要である。

　本来，人権は本書で一貫して主張しているとおり，何によっても侵害されるものではない普遍的なものであるが，特に自由権のなかで実際に権利を行使する際には，よりていねいな議論が求められる。なぜなら，自由というのは，状況次第では，相互の権利が衝突して「折り合い」をつけざるを得ない場面も想定されるからである。また，本来，人権の普遍性からすれば論理的にはあり得ないはずであるが，八木秀次の指摘にしたがえば，個人の欲求により「人権」が肥大化してエゴイズムの闘争の要因となってしまうことがある。[1]

　これは，本来あるべき人権そのものを正しく理解できないゆえに起こってしまったことであるが，実際問題として，人権は，個人の「欲求」として出発する性質がある。ある人の状況への訴え（欲求）からそれが人権問題へと発展するという構図である。そうなると，何が人権問題であるかを定めるという解釈が伴うことになる。当然，その解釈が正当性をもつためには一定の基準が必要となる。その基準を満たした時にはじめて社会的承認が得られる。社会福祉の場合，この基準となるのが社会正義ということになる。それは，ある人の「欲求」が，本当にその人の幸福に「必要」であるのかという基準であるといえる。この社会正義は，いわば人権の客体的側面とでもいえる。

第Ⅲ部　人権を支援するソーシャルワーク

必要と欲求

　我々は生きている限り絶え間の無い欲求（wants）をもつということに異論はあるまい。ニーズ論をソーシャルワークの文脈ではじめて展開したトールもその著書で人間社会を発達させるものとして欲求とその発露をあげている[2]。またマズローの欲求階層の理論を待つまでもなく，食，睡眠，性などの生理的欲求から自己実現といった抽象的な欲求があることは周知のとおりであろう。英語では，want や desire がこれにあたる。wantは主語である「私」（たち）の，ものごとに対する強い欲求（願望）を表す用語である。それは極めて主観的なものである。一方でそれに対してより客観的な面を必要（needs）と呼ぶ。ただし，この欲求（wants）と必要（needs）の対比は，山森亮も指摘するように，これまで誤用されて扱われるなど混乱しているし，特に福祉領域では，それが温情主義の温床にもなっているとされる[3]。

　ソーシャルワークにおいては，まずは，主観的な利用者の基本的欲求を支援することが大切である。先述したヘルプの構造において紹介したが，ソーシャルワーカーは，利用者が自分で選択した行動を支援するという構造を想起してもらいたい。ここに欲求をあてはめ，自己決定概念で言い換えると，ソーシャルワーカーは，利用者の選択した「欲求」を支援するということから出発するということになる。

ソーシャルワーカーは利用者のすべての欲求を受け入れるべきか

　しかしここで問題が生じる。果たして，利用者の主観的な欲求はすべて正当化されるものなのかどうか，ということである。答えは否である。残念ながらソーシャルワークは，利用者のすべての欲求を受け入れそれを肯定できるものではない。ただ複雑なのは，欲求の対象となることがらが，万人にとってすべてだめだという紋切り型ではないということである。ある人のもっているある欲求は正当とされるし，別のものは認められない，ということがある。客観的判断で，その欲求が正当かどうかを判断するのが困難である。

　たとえばアルコール依存症の人は，他の何物をさしおいても，酒を飲みたい

という欲求をもっている。飲酒は大人であれば，当然認められる欲求である。しかし，アルコール依存症という特殊な状況では，その欲求がいかに強く，それを求めているのはわかっていても，その「欲求」にしたがって，それを提供することはできない。飲酒は，その人にとって有害であり，「必要ない」と判断されるからである。あるいは，麻薬はどうであろう。通常，医薬品として以外は，法律によってもそれを使用することは認められない。しかし，医師は，ある条件のもとに，たとえば激痛を避けるなどの観点で，それを使用することを認めている。その人にそれが「必要」と判断されるからである。

　子どもを養育している親は実は，この子どもの欲求と日々刻々と付き合っている。おもちゃ屋や菓子屋の前で駄々をこねる子どもの姿は，誰にも想像できる。ここでは，おもちゃが欲しいという子どもの欲求とそれを制限しようとする親の衝突が起こっているのである。あるいは，食事前にお菓子を食べることを止められた子ども。食卓に並んだ野菜をまず食べさせようとする母親とそれを拒む子ども。どの例をとってみても，ある共通の思考が働いている。それは必要と欲求が食い違っていてそれが衝突しているということである。麻薬を吸いたい，酒を飲みたい，お菓子を食べたい，おもちゃが欲しい，という主観的な欲求が正当なものとならずに，それに代わるものが提案されている。子どもの場合，お菓子に対して，健康に必要な野菜や肉というように，である。この子どもはお菓子を欲するが，この子どもには野菜や肉が必要であるという発想である。

誰が必要なことを見極めるのか

　これらの説明で，欲求と必要という構造が普段の日常生活に浸透していることは理解されたと思う。そうなると，ソーシャルワーカーが通常，援助しているのは，実は欲求ではなくて，必要という概念であることが理解できるだろう。つまりソーシャルワーカーは，利用者にとって「必要」となることがらを提供できるように支援している，ということになる。欲求に仕える者ではなく，「必要」に仕える者であるといえる。

ところが、ことはそう単純ではない。そうなると、次のような難題が待ちうけている。一体、誰がそれを本当に必要かどうかを見極めることができるのかということである。そもそも必要という客観的な基準などありうるのか、というより本質的な問題に突き当たることになる。先に示した、親と子どもの関係であれば親が子どもにとって何が必要であるかと判断することが多いであろう。しかし、親の判断が本当に正しかったということを正当化する根拠はどこにあるのであろうか。「よかれと思ってやったこと」というのはよくある話であるが、これは根拠にはなりえない。よくある、パターナリズム（温情主義）の象徴である。

つまりソーシャルワーカーと利用者の関係にこのような「必要」「欲求」概念を二分させる支援を導入すると、パターナリズムな関係に陥らないのかという難題がもちあがる。「必要概念が明示的に語られようといまいと、社会福祉実践の場に、暗黙のうちに必要概念は存在し、温情主義が生じる」との指摘のとおりである。

何を必要とするのかという基準設定は、もっと大きな国家や自治体の福祉政策というマクロレベルにおいても議論が尽きない課題である。たとえば、介護保険の運用上何度も「何が必要で、だれがそれを決めるのか」は議論されてきた。また前章の個と多様性の議論ですでに紹介したが、個々の必要と欲求が多様性の文脈のなかで理解されることはさらに難しい。センは、「潜在能力は、『さまざまなタイプの生活を送る』という個人の自由を反映した機能のベクトルの集合として表すことができる」とし、多様性を前提とした必要概念と潜在能力という観点について言及しているが、対人援助のレベルについても応用可能かどうか今後の課題である。

ここでは、欲求と必要のメカニズムについてさらに議論を深めていきたい。一つは、日常的感覚（自然）。もう一つは自己決定との関係での議論である。

必要と欲求を区分けする

欲求と必要を議論する上で、常識的な例からさらに検討する。そもそも、人

第12章　自分のことは自分で決める権利の保障と支援

間の身体は，実はそれ自体が欲求と必要を区分けするメカニズムをもっている。食物の摂取と栄養の吸収という身近な例を考えてみるといい。通常，人間が口を通して「欲求」のままに摂取する食物は，すべてが身体に「必要」なものではない。仮に栄養を考えて厳選して必要なものだけを摂ったつもりでも，不必要なものが便，尿，汗として排出される（むろん，その人にとって不要なのであっても，地球全体の生態系を考えると，不要なものが必要ということもある）。生物は死ぬまでこれを繰り返す。それが生きている証でもある。これを誰も不要な機能であると言う人はいないし，ましてやそのメカニズムに疑問を挟むものはいない。このようにむしろ人間の身体という自然現象は必要と欲求のバランスを肯定している。同時に，欲求を否定しているのではない。人間は，欲求を前提として食物を摂取するからである。主観的な欲求ではなく，客観的な「必要」のみを前提にするというのは，栄養補助剤であるビタミン剤などのサプリメントだけを食事として生きているようなものである。あるいは，病人が点滴を通して栄養を摂取しているようなものである。特殊な事情を除いて誰もそれの方がいいという人はいないであろう。人間にとって欲求は生きている限り基本的に肯定されるものである。その前提に立ちながらも，欲求のなかからあえて必要となるものを厳選していくというメカニズムが体内に備わっているのである。

　しかしである。必要と欲求のメカニズムが存在することは自明のようになったが，社会にこれを応用するとき，誰がこのような判断を下すのか，もしそのような基準があるとしたらその判断を下す人にはそもそも正当性があるのか，という問題に直面する。そもそもある人にとって必要であるかないか，というような客観的基準など本当にあるのかという問題は依然残る。身体の例の場合，それは，身体のメカニズムのなかにすべての人に組み込まれているということであり，それがあたかも客観的な判断をなしているのである。むろん，そのようなことを誰も意識はしないのであるが。一方で誰もそれには逆らえないことになる。

　ソーシャルワークにあてはめると，そこには絶対に間違いのない客観的基準は，実は存在せず，それは，ソーシャルワーカーの裁量に委ねられているとい

うことしかいえない。ソーシャルワーカーの判断があたかも客観的判断であるというように理解されているといえる。ちょうど親が子どもの必要を判断するのと似ている。

自己決定の基準

これまでの議論を抽象的にならずに深めていくために，一つの事例から検討してみたい。

> 75歳のWさんは，自宅にて一人暮らし。脳梗塞の後遺症で，歩行困難とコミュニケーションがやや不自由な状態で，介護保険制度では要介護1の状態である。高血圧と糖尿病のため通院して，服薬治療中である。Wさんは，あるテレビ番組で，カナダ生活の風景をみて，突如，自宅や資産を売って，カナダで暮らすと宣言して，その準備をはじめた。子どもたちは猛反対。「英語も話せない，海外に行ったこともないのに一人で生活できるはずない。治療はどうする？ 介護はどうする？」と，担当のソーシャルワーカーに計画を中止するように説得をしてほしいと迫った。

この事例にあるような相談を受けたならば，専門職としてどのように対応するであろうか。これはこれまでの議論を踏まえて自己決定を考える際の典型的な事例である。以下では，自己決定の具体的な議論を展開するなかで，欲求と必要の考えをさらに深化させていきたい。

日本生命倫理学会における自己決定に関する5段階の表示は，自己決定の基本となるアイデアである(7)。これは，もともと，J. S. ミル（John Stuart Mill, 1806-1873）の『自由論』(*On Liberty,* 1895）で主張された他者加害の自由という説明のなかで明示されたものをベースにしているものであるが，それは以下のとおりである。

① 成人で判断能力のある者は（判断能力）
② 自己のものについて（所有権）
③ たとえ，愚かな行いであっても（愚行権）
④ 他者危害とならない限り（他者危害）

⑤　自己決定権をもつ（自己決定権）

　そもそも自己決定とは，先述したように自己の欲求するところを自分自身で判断し，選択していくということである，と一般的に理解されている。自己決定の原則としてバイステックの7つの原則にも含まれている概念であり，もっとも重要な援助原則にあげている論者も少なくない。つまり利用者の自己決定をいかに支援していくかが重要なテーマとなっている。個人の自由な自己決定は，他人に迷惑をかけない限り，基本的には全く問題にならないはずである。

自己決定の尊重とソーシャルワーカー

　ところが，ソーシャルワークにおいては，ソーシャルワーカーと利用者という関係があり，利用者の決定を尊重しようとするのは理念的には当然だが，実践への応用となるとそう単純ではなく，様々なディレンマが生じてくる。ロスマン（James Rothman）が「自己決定は絶対の権利ではあるが，実践原則として考慮する場合，その限界もある」「自己決定は専門職において最高に重んじられるが，その意義や適用については，あいまいである[8]」と述べるとおりである。またパールマン（Helen Harris Perlman）が「自己決定は重要ではあるが十中八九は幻想である[9]」と述べ，アブラムソン（Abramson M.）は，「自己決定の権利は，ソーシャルワーカーにとってもっとも普遍的であるが，もっとも当惑させるディレンマの源になっている[10]」と率直に論じるとおり，理念としての重要性と実践的なレベルの乖離が問われているのである。つまりそれが大切であろうことは誰もが認めるが，多くの場合，それを真剣に追求しようとすると，困難を覚え，「幻想」であるとまで言わざるを得なくなるようである。

　それはなぜか。それは，援助という関係性のフレームがあること，そしてここでの議論となっている欲求と必要という概念があまり議論されてこなかったからであろう。言うまでもないが，欲求には，先述したように様々なものがある。むろん，他者のものを盗むなど他者の権利を侵害するものは，法的に禁止されていてここでは論外である。

　福祉実践場面においては，様々な利用者の欲求がある。先の事例にあるよう

に，外国語が使えないし，外国に行ったこともない要介護の高齢者が国内にある資産をすべて売却して，単身で移住をしたいという欲求の場合，上記の生命倫理学会の自己決定基準からすると，認知の問題などが特にない場合，成人で判断能力は認められる。自己の所有財産であるから，親族は大騒ぎをするが，それが「愚かな行い」であると思われても，他人に危害を加えるものではない。よって，自己決定をもつという結論が導きだされる。

ところが，この権利はあっても，通常，ソーシャルワーカーはこの権利をためらわずに擁護できるだろうか。家族の反対に対しては，何とか本人の意思を尊重することを優先するために押し切ったとしても，要介護状態，異文化経験，言葉の不適応や諸困難を予想するなどして，頭ごなしに否定はしないまでも，結果的に反対をする場合が多いのではないだろうか。認めるにしても，少なからずディレンマを覚えることにならないであろうか。

このような事例を学生たちに示した上で，自由に討論させると，やはり，海外に行くことに反対するという意見が多かった。これに対して，あるソーシャルワーカーの経験の長いベテランの社会人学生の対応は以下のようなものであった。

「このようなケースの場合，まず，なぜWさんがそれほどまでに海外に行きたいのかを，正確に把握することが先決だと思います。そうすると，それが単なる思いつきか，もしかしたら日本での家族への不満とかが出てくる可能性もある。だからまずはWさんの本当の思いを知りたいですね。これを徹底的に聞きだす。どうしても海外へ行こうとするなら，むやみに反対せずに私なら思いきってまず本人の意向に沿って，海外へ行く準備を一緒に真剣に考えてあげますね。ただし，いきなり移住ではなく，たとえば，まず2週間の海外旅行プランなどを示し，付添付きプランなどで，海外移住の準備のために下見を兼ねて様子をみるような現実的計画を一緒に立ててみる。そのことを親族には理解してもらい，Wさんにも，周囲に迷惑のかかるような無謀と思われるような無理な計画はしないなどの助言をする。私の経験ですがね，だいたいそうしている内に，このケースでは

第12章　自分のことは自分で決める権利の保障と支援

計画だけで終わったり，もし行ったとしても，楽しい旅行までで終わるでしょう」

さすがベテランワーカーの経験知によるものであろう。あれかこれかという二者択一ではなく，Wさんの欲求と，それが本当に必要かどうかをWさんの自己決定の意向に寄り添いながら，支援計画をたてており，かつWさんと家族の関係という現実も見据えているのである。これは上述した欲求と必要とを，生命倫理の原則に沿って支援していっている例ということができる。

利用者の「必要」に応じて自己決定を支援する

もう少し困難な別の例を考えてみよう。自殺を希望する利用者がいたとしよう。このような自己決定自体が法的に認められないのが現状であるが，先進国，オランダやアメリカのある州のように尊厳死がある程度認められているところもあり，死の問題は，その意味でも様々な角度から議論をしておく必要がある。

仮に自殺を上記の生命倫理学の原則にあてはめると，その人が成人で判断能力があり，自己のものである身体（これにも当然異論があろうが），死ぬというような第三者からみれば「愚かな行い」であっても，他者危害とならない限り（「迷惑」とは言っていない！），自己決定をもつというのである。

ところが多くのソーシャルワーカー，つまり自己決定を第一の援助原則にあげる彼らが，自殺に関する自己決定には賛同しないというのは，なぜであろうか。むろん，イスラム教徒やカトリック教徒のように明確にそれを宗教的に禁じている場合は，それが大きな理由としてあげられる。そうでないなら，他にはどんな理由があるのであろうか。先に論じた人間の尊厳という観点や自然法に基づくという説明もあるであろう。それぞれにある程度正当な理由であろう。しかし，ソーシャルワークの自己決定の支援の場合，どうもソーシャルワーカーはそのような根拠をもって，実践しているのではなさそうである。

実は，その根拠にしているのは，利用者の欲求と必要の区分けというすでにこれまで論じてきた観点を無意識的に使っているのである。つまりソーシャルワーカーは，利用者の欲求ではなく，利用者の必要に応じて，自己決定を支援

しているのである。先の例に示したように海外移住したいとか、自殺したいという自己決定も、利用者にとって、それが「欲求」であることは認められるが、それは彼には今「必要」のないことであり、したがって、そのような自己決定は支援するわけはいかないという論理を（無意識のうちに）展開しているのである。それではなぜジレンマが生じるのか。それは、利用者自身が海外移住したいという欲求や自殺したいという欲求と、ソーシャルワーカーが利用者にとって必要と思われることがズレるからである。そうなると、ソーシャルワークの自己決定の支援とは、利用者の欲求を前提としながらも、ソーシャルワーカーがかれらの必要を彼に代わって判断していることになる。

自己決定における必要と欲求の関係

　以上、様々な角度からソーシャルワークにおける欲求と必要の議論を展開してきたが、現代社会ではこれらの必要と欲求のメカニズムを社会のなかで実現している一人がソーシャルワーカーである。それでは、欲求がイコール必要でないと判断されるとき、つまり欲求から必要を分ける際の指針についてどのように考えるのかを説明する必要がある。

　通常の常識では、確かに愛するわが子に「卵のかわりにさそり」を与え、「魚のかわりに蛇」を与えるようなことはしない。前にも述べたように、すべての人に普遍的に通用する客観的な指針があるわけではない。個々のケースに応じて判断されるのであるが、かといって、個々のソーシャルワーカーの主観性や恣意性にだけ任せるにはあまりに責任の重い判断となる。

　そこで以下のようにとらえることが重要であろう。

　まずは、利用者の欲求から出発する。つまり彼らが何をしたいのか、を明確化すること。この明確化という作業は重要である。何がしたいのか、何をしてほしいのかが利用者自身が曖昧である場合が少なくない。ことに日本の文化ではこれは問題となる。したがって、ソーシャルワーカーは利用者が何をしてほしいのかを明確にすることがまずもって第一歩の援助課題となる。

　次に、利用者が欲求することがらが、実現可能な欲求なのか、あるいは、法

的，倫理的に問題とならないのかを判別（アセスメント）する。実現不可能な非現実的な欲求の場合，それをもつことはいいが，現実的な欲求にするために実現可能な範囲を具体化する。法に抵触する場合は，それをもとに説明し是正をする。たとえば，未成年がアルコールを飲みたいという場合，それを欲することはいいが，法律に違反していることを告げるなどである。

　そして最終的に，そのことが利用者の将来にあって，彼の成長と発達を保障することにつながるのかという観点から総合的に判断する。仮にそれがよく判明できなくとも，少なくとも，成長と発達を阻害することがないかを吟味する。こうして利用者にとっての「必要」が何かをソーシャルワークは最終判断する。

利用者の必要を判断することで人権を守るソーシャルワーカー

　それでは，判断に間違いのない「神」とは異なって，人間であるソーシャルワーカーの犯しかねない判断ミスや誤謬は，どう考えたらよいのか，など課題は山積である。それは今後の課題として，さしあたり次のように結論づけることができよう。

　まず，利用者の欲求を肯定する，そこから出発する。しかし，利用者の欲求がイコール，利用者にとって必要であるとは限らない。そこには欲求と必要を区分けするなんらかの基準と判断が求められる。しかしこれを絶対的に客観的に判断できる装置は神以外誰も有していない。それを「あつかましくも」神に代わって演じているのがソーシャルワーカーであることを自覚しなければならない。このソーシャルワーカーが，利用者の必要を判断しているのだが，常に誤謬を犯しているかもしれないという自己チェックが求められる。そしてもう一度，利用者の欲求にたち戻ってみる。その際の判断基準として，利用者の成長と発達（変化）という利益にかなっているかどうか，多様性を意識して個別に吟味してみることが重要であろう。

　このような援助過程を経て，基本的人権としての自由権の重要な柱である個人として尊重された利用者一人ひとりが自分のことは自分で決める権利の保障と支援を実践していくことが可能となる。

第Ⅲ部　人権を支援するソーシャルワーク

注

(1)　八木秀次（2001）『反「人権」宣言』ちくま書店.
(2)　Towle, C. (1945 ; 1952) *Common Human Needs,* New York: American Association of Social Workers.
(3)　山森亮（1999）『アマルティア・セン／規範理論／政治経済学』京都大学博士学位論文, 42-44.
(4)　同前書, 44.
(5)　同前書；山森亮（1998）「必要と経済学——福祉のミクロ理論のために(1)(2)」『季刊家計経済研究』38号・39号；山森亮（2000）「貧困・社会政策・絶対性」川本隆史・高橋久一郎編『応用倫理学の転換——二正面作戦のためのガイドライン』ナカニシヤ出版；山森亮（2000）「福祉理論——アマルティア・センの必要概念を中心に」有賀誠・伊藤恭彦・松井暁編『ポスト・リベラリズム——社会的規範理論への招待』ナカニシヤ出版.
(6)　Sen, Amartya Kumar (1992) *Inequality Reexamined.,* Clarendon Press,（＝1999, 池本幸生・野上裕生・佐藤仁訳『不平等の再検討——潜在能力と自由』岩波書店.）
(7)　加藤尚武（2000）『21世紀の倫理を求めて』日本放送出版協会.
(8)　Rothman, J. (1989) "Client Self-determination: Untangling the Knot," *Social Service Review,* 63, 598.
(9)　Perlman, H. (1965) "Self-determination: Reality or Illusion?" *Social Service Review,* 39, 45.
(10)　Abramson, M. (1989) "Autonomy vs. Paternalistic Beneficence: Practice Strategies," *Social Casework,* 70, 387.

終 章

グローバルでありながら「私」に一番近い権利

・・・

「正義を洪水のように，恵みの業を大河のように，尽きることなく流れさせよ」
アモス5章24節（新共同訳）

抑圧からの解放

グスタボ・グティエレス（Gustavo Gutierrez）は，「現代人の願いは，ある社会階級，ある国家，ある社会の一員としての自己の充実を妨げるような『外圧』からの解放ばかりではなく，個々の奥深い次元での『内的』解放をも同様に追求するのである。人間は，社会的地平のみならず，心理学的地平においても解放を探求する。[1]」と指摘したが，まさにこの外的解放（社会的地平）と内的解放（心理学地平）という個人レベルと社会，国家レベル両面からの解放の視座が社会福祉には求められている。

国際ソーシャルワーカー連盟IFSW（International Federation of Social Workers）が，2000年にカナダでモントリオール大会が開催され，ソーシャルワークの定義が明文化された（序章参照）。そのなかに，「人権と社会正義」「解放」「抑圧」という文言が明記されているが，あまりこのことが日本の社会福祉界では意識されていない。

日本の社会福祉論，特にソーシャルワーク論では，現在，システム論や生態学の理論に依拠して，しばしば生活環境の調整，社会への適応が福祉の中心的な主題として扱われているが，IFSWの定義に明記されているような「人間の抑圧からの解放」への関心が希薄であるとすれば問題であろう。それは権利に対する問題意識についての希薄さを象徴するものでもある。

本書では，ソーシャルワークの国際定義にあるような「人権（human rights）と社会正義（social justice）の原理は，ソーシャルワークの拠り所とする基盤である」（定訳）を基礎に議論を展開し，「傷つきやすく抑圧されている人びとを解放」（to liberate vulnerable and oppressed people）することを強調してきた。このように，人権と社会正義に基づき，人間を解放する社会福祉を展開するとき，それは個人の解放だけでなく，社会の解放と変革へ必然的に向かう。日本でも社会福祉領域で社会変革という言葉が語られることは多いが，そこに解放という視点が欠落すると，実態のないものになることがある。

　"human rights" と人権の違い
　さて，冒頭で書き記した問題意識として，英語の human rights（ヒューマン・ライツ）が，日本語の「人権」とは違うのではないか，ということに最後にもう一度立ち戻ってみよう。
　まず大きな違いは，権利意識という意味で，カナダ（欧米社会）における権利と，日本での権利の位置づけの違いである。日本では，個人が権利を主張することはあまり歓迎されないような風潮が今日ですらある。そして欧米的な権利主張は，契約社会のなかにあって，それは生きる上での指針の基本となり，社会正義の根拠となっているものである。しかし日本は，ライフスタイルがすでにかなり欧米化しているとはいえ，契約概念そのものが十分に社会のなかで浸透し成熟していない状況にある。
　他者との違いを前提とした多様性を基調とする欧米社会と，他者と同調するモノトーンな同一性を前提とする日本社会は，おのずから権利に対する意識は異なってくる。自分の権利を他者へ堂々と主張するような権利意識は日本では好まれない。確かに日本の学校教育でも熱心に人権を教えているし，行政，政治も人権の重要性を市民に伝えているが，欧米的なヒューマン・ライツを日本語に翻訳して「人権」として紹介して微妙な違和感というのは，恐らくその社会の前提の違いもあるのであろう。
　しかしながらそのような差異がありながらも，あえていま，日本の社会福祉

終章　グローバルでありながら「私」に一番近い権利

の実践のなかで人権を正面から位置づけることに積極的な意義を見出したい。なぜなら，人権は，来るべき福祉社会を実現させるために，文化や民族，宗教の違いを超えて，人類が共通の基盤として共有すべき価値観であると確信するからである。

　17世紀以降に自由権，18世紀以降に平等権，そして20世紀初頭に社会権が，徐々に段階的に「発見」されて，それが福祉国家を支える指標となって今日に至っている。しかしながら未だそれは，本書で述べてきたように絵に描いた餅のように十分に行使されているとは言い難い。ゆえに，改めて子どもたちの未来の世代が活躍するこの21世紀に，これらの三つの権利を土台とした人権が単に理念だけではなく，世界のあらゆる国々にあって共有化され，実質的に実行される必要がある。

「福祉世界」の到来へ向けて

　抑圧された人々，虐げられた人々の抑圧と差別からの解放を国際的な枠組みでとらえようとする世界人権宣言に基づく社会福祉の視点は，20世紀に成立した福祉国家の限界を超える21世紀型の「福祉世界」の新しいあるべき姿として考えるべきである。戦後，世界の先進国の社会福祉が人権と社会正義を根拠とする方向で進み始めた今，日本も，躊躇することなく，それに続く必要がある。

　このことは，理想論としての夢物語を語っているのではない。本書でしばしば論じてきたように，第二次世界大戦後の1948年に世界人権宣言が発布され，その後，相次いで国際人権規約，国際障害者差別撤廃条約，児童の権利条約，女子差別撤廃条約など，世界史的にみても極めて重要な人権に関する国際的な宣言や条約が相次いで20世紀中盤から後半に成立していったことは特筆すべきことである。日本も一部留保はあるが，その条約のほとんどに批准していることは，もはや社会福祉を国内だけの法律や議論だけで留める時代は終わったといっても言い過ぎではない。

　かつて黒船の到来による外圧により，日本が文明開化を迫られたように，人権にかかわる国際条約によって，いま，日本の「社会福祉」は開国を迫られて

いる。この時期に「鎖国」して世界の流れから遮断することがあってはならないと言ってもよい。つまり世界的水準の人権と社会正義という「黒船」が，日本の沿岸に到来したいま，国を閉鎖して「尊王攘夷」を叫ぶのではなく，世界に開かれた議論をもって，これに応じるべきである。あらゆる面において，従来の国家単位としての福祉国家の閉鎖性を超えるような理念を抱くグローバルな世界史的な視座にたった社会福祉理論が展開されていくことが必要である。そのために，国際人権条約にあるように，一国家をも法的に拘束させて，その改正を迫るような国際的な人権条約の視点は不可欠である。たとえ為政者が，財政面等からそれに躊躇したとしても，それによって，個人個人の人権が守られ，抑圧されている状況から少しでも解放されることにつながるからである。

　それは世界的規模というグローバルでありながら，同時に地域に根ざしたローカルなものであり，各自にとってごく身近でなければならない。カナダや欧米で語られる人権が，もっと身近で，常に自分の問題であり，誰に対しても開かれていて，生活感と躍動感があり，日常のどこにでもある「何か」というニュアンスがあると述べたが，それは，社会福祉にもそのままあてはまるものである。

　日本で語られる社会福祉と人権，それは，どこかよそよそしく市民感覚として自分とは無関係のもの，他人事，綺麗ごとであるというような意識があると述べてきたが，それから少しでも脱却するために，本書の小さな試みがほんの少しでも役に立てればと願う。

　ますます国際的に，あくまで日本的に

　20世紀に成立をみた福祉国家は，最終系としての完成段階に至ったというより，今，とりわけ国家財政という観点から欧米，日本を含めて曲がり角にあり，少なくともそれを唯一の今後の国家の理想形態として描くことは難しく，その根拠も成りたたなくなってきている。そこで「福祉国家から福祉社会へ」の転換などが代替案として示されている。しかし，これは主唱者の意図とは別に，一方で，財源問題含め国家の責任回避を容認する論理にも安易に用いられやす

終章　グローバルでありながら「私」に一番近い権利

い。

　そのような財政面の観点からではなく,「福祉国家から福祉社会」という転換ではなく,国家を超える国際的な視座をもった人権に基づく転換が求められている。つまり国際的な人権条約に根拠を置くといういわば「福祉世界」というような視点は,その国家内で身近な人権抑圧状況があれば,国家の枠組みを超えて,世界的視座でその国家の福祉状況(人権状況)を監視するという仕組みである。

　これを理念としてだけではなく,法的拘束力をもつ人権に関する国際条約によればより実際的で実行可能なものとなる。これらは突き詰めれば国家や政府が,善なる意思だけでは動いていないといういわば一部性悪説に立っているが,21世紀型の新しい社会福祉の思想や枠組みとして十分に検討の余地がある。

　なぜならこれまで国家の都合により人権が平然と抑圧されることがあっても,国民は,泣き寝入りするしかなかった。国家を超える単位での国際社会が,国家の人権に関する横暴を許さないという仕組みが21世紀には整いつつあるからである。これは従来の国家単位で考える福祉国家よりも実は安定感がある。

　本書のなかでも少し紹介したが,20世紀の国際的な人権の到達点であるウィーン宣言及び行動計画(1993年)こそは,まさにそのことを裏付けるものであろう。

　「すべての人権は普遍的であり,不可分かつ相互依存的であつて,相互に連関している。国際社会は,公平かつ平等な方法で,同じ基礎に基づき,同一の強調をもつて,人権を全地球的に扱わなければならない。国家的及び地域的独自性の意義,並びに多様な歴史的,文化的及び宗教的背景を考慮にいれなければならないが,すべての人権及び基本的自由を助長し保護することは,政治的,経済的及び文化的な体制のいかんを問わず,国家の義務である」(ウィーン宣言及び行動計画,1993年)

　多様な政治,経済,宗教,文化に違いを認めつつも,それを超えて,「全地球的に」(on the same footing) 人権を扱うことを強調するというこのウィーン宣言こそは,20世紀の社会福祉と人権思想の到達点であり,21世紀において日

本が実現させるべき目標といえよう。

そしてそれは，嶋田啓一郎が述べたように，「ますます国際的に，あくまで日本的に」とあるように，国家を超える世界的規模を志向しながらも，あくまで「私」というもっとも身近な権利であり，具体的なローカルな地域に根差して行動する必要がある。このような21世紀への福祉理論が待たれる。

注
(1) Gutierrez, Gustavo（1971） *Theologia De La Liberation*. Ediciones Sigueme, Salamanca.（＝2000, 関望・山田経三訳『解放の神学』岩波書店.）

資料編

1　戦後の社会福祉と人権にかかわる年表

1946(昭和21)年	(旧)生活保護法❶（戦後引揚者対策）←恤救規則，救護法 日本国憲法公布（1947年5月3日施行）←大日本帝国憲法（1890年）
1947(昭和22)	児童福祉法❷（戦後浮浪児，孤児対策）
1948(昭和23)	**国連　世界人権宣言採択**
1949(昭和24)	身体障害者福祉法❸（戦傷者対策）
1950(昭和25)	(新)生活保護法←(旧)生活保護法（貧困者全般，生存権保障） 精神衛生法←精神病者監護法（1900年），精神病院法（1919年）
1951(昭和26)	社会福祉事業法（→2000年社会福祉法）
1952(昭和27)	**国連　婦人の参政権に関する条約**
1957(昭和32)	朝日訴訟
1959(昭和34)	国民年金法成立（国民皆年金体制確立）
1960(昭和35)	精神薄弱者福祉法（→現在の知的障害者福祉法❹）
1961(昭和36)	国民皆医療保険体制成立
1963(昭和38)	老人福祉法❺
1964(昭和39)	母子福祉法（→現在の母子及び父子並びに寡婦福祉法❻）
1965(昭和40)	改正精神保健衛生法（ライシャワー事件の影響） 同和対策審議会答申
1966(昭和41)	**国連　国際人権規約採択（1976年発効）**（日本1979年留保つき批准）
1969(昭和44)	同和対策事業特別措置法
1973(昭和48)	老人医療費公費負担制度により「福祉元年」とされる
1979(昭和54)	**国連　女子差別撤廃条約採択（日本1985年批准）**←1967年女性差別撤廃宣言
1987(昭和62)	社会福祉士及び介護福祉士法 精神保健法（←精神衛生法）
1989(平成1)	**国連　児童の権利に関する条約採択（日本1994年批准）** ゴールドプラン（高齢者保健福祉推進十ヵ年戦略）
1990(平成2)	福祉8法改正
1991(平成3)	**国連　高齢者のための国連原則採択**
1993(平成5)	**ウィーン宣言及び行動計画**
1995(平成7)	精神保健福祉法（←精神保健法）
1997(平成9)	精神保健福祉士法制定，介護保険法成立（2000年施行）
2000(平成12)	社会福祉法成立（社会事業法の改正），「社会福祉基礎構造改革」
2001(平成13)	DV法（配偶者からの暴力の防止及び被害者の保護に関する法律）
2004(平成16)	発達障害者自立支援法成立（2005年施行）
2005(平成17)	障害者自立支援法成立（→2013年障害者総合支援法） 高齢者虐待防止法成立（2006年施行）。
2006(平成18)	**国連　障害者権利条約採択（日本2014年批准）**
2007(平成19)	北九州市餓死事件
2015(平成27)	生活困窮者自立支援法
2016(平成28)	障害者差別解消法施行／相模原障害者殺傷事件

注：太字は国際的な条約を示す。また，語尾の丸つき数字のうち，❶～❻は，社会福祉六法のみを指す。
出所：著者作成．

2 世界人権宣言（全文，外務省仮訳）
(Universal Declaration of Human Rights, 1948)

＊本書にかかわる注意を要するところは原文（英語）を挿入している

前文

人類社会のすべての構成員の固有の尊厳と平等で譲ることのできない権利とを承認することは，世界における自由，正義及び平和の基礎であるので，

人権の無視及び軽侮が，人類の良心を踏みにじった野蛮行為をもたらし，言論及び信仰の自由が受けられ，恐怖及び欠乏のない世界の到来が，一般の人々の最高の願望として宣言されたので，

人間が専制と圧迫とに対する最後の手段として反逆に訴えることがないようにするためには，法の支配によって人権を保護することが肝要であるので，

諸国間の友好関係の発展を促進することが，肝要であるので，

国際連合の諸国民は，国際連合憲章において，基本的人権，人間の尊厳及び価値並びに男女の同権についての信念を再確認し，かつ，一層大きな自由のうちで社会的進歩と生活水準の向上とを促進することを決意したので，

加盟国は，国際連合と協力して，人権及び基本的自由の普遍的な尊重及び遵守の促進を達成することを誓約したので，

これらの権利及び自由に対する共通の理解は，この誓約を完全にするためにもっとも重要であるので，

よって，ここに，国際連合総会は，

社会の各個人及び各機関が，この世界人権宣言を常に念頭に置きながら，加盟国自身の人民の間にも，また，加盟国の管轄下にある地域の人民の間にも，これらの権利と自由との尊重を指導及び教育によって促進すること並びにそれらの普遍的かつ効果的な承認と遵守とを国内的及び国際的な漸進的措置によって確保することに努力するように，すべての人民とすべての国とが達成すべき共通の基準として，この世界人権宣言を公布する。

第一条

すべての人間は，生れながらにして自由であり，かつ，尊厳と権利とについて平等である。人間は，理性と良心とを授けられており，互いに同胞の精神をもって行動しなければならない。
All human beings are born free and equal in dignity and rights. They are endowed with reason and conscience and should act towards one another in a spirit of brotherhood.

第二条
1　すべて人は，人種，皮膚の色，性，言語，宗教，政治上その他の意見，国民的若しくは社会的出身，財産，門地その他の地位又はこれに類するいかなる事由による差別をも受けることなく，この宣言に掲げるすべての権利と自由とを享有することができる。
2　さらに，個人の属する国又は地域が独立国であると，信託統治地域であると，非自治地域であると，又は他のなんらかの主権制限の下にあるとを問わず，その国又は地域の政治上，管轄上又は国際上の地位に基づくいかなる差別もしてはならない。

Everyone is entitled to all the rights and freedoms set forth in this Declaration, without distinction of any kind, such as race, colour, sex, language, religion, political or other opinion, national or social origin, property, birth or other status.

第三条
　すべて人は，生命，自由及び身体の安全に対する権利を有する。

第四条
　何人も，奴隷にされ，又は苦役に服することはない。奴隷制度及び奴隷売買は，いかなる形においても禁止する。

第五条
　何人も，拷問又は残虐な，非人道的な若しくは屈辱的な取扱若しくは刑罰を受けることはない。

第六条
　すべて人は，いかなる場所においても，法の下において，人として認められる権利を有する。

第七条
　すべての人は，法の下において平等であり，また，いかなる差別もなしに法の平等な保護を受ける権利を有する。すべての人は，この宣言に違反するいかなる差別に対しても，また，そのような差別をそそのかすいかなる行為に対しても，平等な保護を受ける権利を有する。

第八条
　すべて人は，憲法又は法律によって与えられた基本的権利を侵害する行為に対し，権限を有する国内裁判所による効果的な救済を受ける権利を有する。

第九条
　何人も，ほしいままに逮捕，拘禁，又は追放されることはない。

第十条
　すべて人は，自己の権利及び義務並びに自己に対する刑事責任が決定されるに当っては，独立の公平な裁判所による公正な公開の審理を受けることについて完全に平等の権利を有する。

第十一条
1　犯罪の訴追を受けた者は，すべて，自己の弁護に必要なすべての保障を与えられた公開の裁判において法律に従って有罪の立証があるまでは，無罪と推定される権利を有する。

2 何人も，実行の時に国内法又は国際法により犯罪を構成しなかった作為又は不作為のために有罪とされることはない。また，犯罪が行われた時に適用される刑罰より重い刑罰を課せられない。

第十二条

何人も，自己の私事，家族，家庭若しくは通信に対して，ほしいままに干渉され，又は名誉及び信用に対して攻撃を受けることはない。人はすべて，このような干渉又は攻撃に対して法の保護を受ける権利を有する。

第十三条

1 すべて人は，各国の境界内において自由に移転及び居住する権利を有する。

2 すべて人は，自国その他いずれの国をも立ち去り，及び自国に帰る権利を有する。

第十四条

1 すべて人は，迫害を免れるため，他国に避難することを求め，かつ，避難する権利を有する。

2 この権利は，もっぱら非政治犯罪又は国際連合の目的及び原則に反する行為を原因とする訴追の場合には，援用することはできない。

第十五条

1 すべて人は，国籍をもつ権利を有する。

2 何人も，ほしいままにその国籍を奪われ，又はその国籍を変更する権利を否認されることはない。

第十六条

1 成年の男女は，人種，国籍又は宗教によるいかなる制限をも受けることなく，婚姻し，かつ家庭をつくる権利を有する。成年の男女は，婚姻中及びその解消に際し，婚姻に関し平等の権利を有する。

2 婚姻は，両当事者の自由かつ完全な合意によってのみ成立する。

3 家庭は，社会の自然かつ基礎的な集団単位であって，社会及び国の保護を受ける権利を有する。

第十七条

1 すべて人は，単独で又は他の者と共同して財産を所有する権利を有する。

2 何人も，ほしいままに自己の財産を奪われることはない。

第十八条

すべて人は，思想，良心及び宗教の自由に対する権利を有する。この権利は，宗教又は信念を変更する自由並びに単独で又は他の者と共同して，公的に又は私的に，布教，行事，礼拝及び儀式によって宗教又は信念を表明する自由を含む。

第十九条

すべて人は，意見及び表現の自由に対する権利を有する。この権利は，干渉を受けることなく自己の意見をもつ自由並びにあらゆる手段により，また，国境を越えると否とにかかわりなく，情報及び思想を求め，受け，及び伝え

る自由を含む。

第二十条
1　すべての人は，平和的集会及び結社の自由に対する権利を有する。
2　何人も，結社に属することを強制されない。

第二十一条
1　すべて人は，直接に又は自由に選出された代表者を通じて，自国の政治に参与する権利を有する。
2　すべて人は，自国においてひとしく公務につく権利を有する。
3　人民の意思は，統治の権力を基礎とならなければならない。この意思は，定期のかつ真正な選挙によって表明されなければならない。この選挙は，平等の普通選挙によるものでなければならず，また，秘密投票又はこれと同等の自由が保障される投票手続によって行われなければならない。

第二十二条
　すべて人は，社会の一員として，社会保障を受ける権利を有し，かつ，国家的努力及び国際的協力により，また，各国の組織及び資源に応じて，自己の尊厳と自己の人格の自由な発展とに欠くことのできない経済的，社会的及び文化的権利を実現する権利を有する。

第二十三条
1　すべて人は，勤労し，職業を自由に選択し，公正かつ有利な勤労条件を確保し，及び失業に対する保護を受ける権利を有する。
2　すべて人は，いかなる差別をも受けることなく，同等の勤労に対し，同等の報酬を受ける権利を有する。
3　勤労する者は，すべて，自己及び家族に対して人間の尊厳にふさわしい生活を保障する公正かつ有利な報酬を受け，かつ，必要な場合には，他の社会的保護手段によって補充を受けることができる。
4　すべて人は，自己の利益を保護するために労働組合を組織し，及びこれに参加する権利を有する。

第二十四条
　すべて人は，労働時間の合理的な制限及び定期的な有給休暇を含む休息及び余暇をもつ権利を有する。

第二十五条
1　すべて人は，衣食住，医療及び必要な社会的施設等により，自己及び家族の健康及び福祉に十分な生活水準を保持する権利並びに失業，疾病，心身障害，配偶者の死亡，老齢その他不可抗力による生活不能の場合は，保障を受ける権利を有する。
2　母と子とは，特別の保護及び援助を受ける権利を有する。すべての児童は，嫡出であると否とを問わず，同じ社会的保護を受ける。

第二十六条
1　すべて人は，教育を受ける権利を有する。教育は，少なくとも初等の及び基礎的の段階においては，無償でなければならない。初等教育は，義務的

でなければならない。技術教育及び職業教育は，一般に利用できるものでなければならず，また，高等教育は，能力に応じ，すべての者にひとしく開放されていなければならない。

2　教育は，人格の完全な発展並びに人権及び基本的自由の尊重の強化を目的としなければならない。教育は，すべての国又は人種的若しくは宗教的集団の相互間の理解，寛容及び友好関係を増進し，かつ，平和の維持のため，国際連合の活動を促進するものでなければならない。

3　親は，子に与える教育の種類を選択する優先的権利を有する。

第二十七条

1　すべて人は，自由に社会の文化生活に参加し，芸術を鑑賞し，及び科学の進歩とその恩恵とにあずかる権利を有する。

2　すべて人は，その創作した科学的，文学的又は美術的作品から生ずる精神的及び物質的利益を保護される権利を有する。

第二十八条

すべて人は，この宣言に掲げる権利及び自由が完全に実現される社会的及び国際的秩序に対する権利を有する。

第二十九条

1　すべて人は，その人格の自由かつ完全な発展がその中にあってのみ可能である社会に対して義務を負う。

Everyone has duties to the community in which alone the free and full development of his personality is possible.

2　すべて人は，自己の権利及び自由を行使するに当っては，他人の権利及び自由の正当な承認及び尊重を保障すること並びに民主的社会における道徳，公の秩序及び一般の福祉の正当な要求を満たすことをもっぱら目的として法律によって定められた制限にのみ服する。

3　これらの権利及び自由は，いかなる場合にも，国際連合の目的及び原則に反して行使してはならない。

第三十条

この宣言のいかなる規定も，いずれかの国，集団又は個人に対して，この宣言に掲げる権利及び自由の破壊を目的とする活動に従事し，又はそのような目的を有する行為を行う権利を認めるものと解釈してはならない。

3　日本国憲法（抜粋）
（1946年11月3日公布，1947年5月3日施行）

＊下線は社会福祉と人権を考える上で特に重要と思われるために筆者が追加

　日本国民は，正当に選挙された国会における代表者を通じて行動し，われらとわれらの子孫のために，諸国民との協和による成果と，わが国全土にわたつて自由のもたらす恵沢を確保し，政府の行為によつて再び戦争の惨禍が起ることのないやうにすることを決意し，ここに主権が国民に存することを宣言し，この憲法を確定する。そもそも国政は，国民の厳粛な信託によるものであつて，その権威は国民に由来し，その権力は国民の代表者がこれを行使し，その福利は国民がこれを享受する。これは人類普遍の原理であり，この憲法は，かかる原理に基くものである。われらは，これに反する一切の憲法，法令及び詔勅を排除する。

　日本国民は，恒久の平和を念願し，人間相互の関係を支配する崇高な理想を深く自覚するのであつて，平和を愛する諸国民の公正と信義に信頼して，われらの安全と生存を保持しようと決意した。われらは，平和を維持し，専制と隷従，圧迫と偏狭を地上から永遠に除去しようと努めてゐる国際社会において，名誉ある地位を占めたいと思ふ。われらは，全世界の国民が，ひとしく恐怖と欠乏から免かれ，平和のうちに生存する権利を有することを確認する。

　われらは，いづれの国家も，自国のことのみに専念して他国を無視してはならないのであつて，政治道徳の法則は，普遍的なものであり，この法則に従ふことは，自国の主権を維持し，他国と対等関係に立たうとする各国の責務であると信ずる。

　日本国民は，国家の名誉にかけ，全力をあげてこの崇高な理想と目的を達成することを誓ふ。

第11条　国民は，すべての基本的人権の享有を妨げられない。この憲法が国民に保障する基本的人権は，侵すことのできない永久の権利として，現在及び将来の国民に与へられる。

第12条　この憲法が国民に保障する自由及び権利は，国民の不断の努力によつて，これを保持しなければならない。又，国民は，これを濫用してはならないのであつて，常に公共の福祉のためにこれを利用する責任を負ふ。

第13条　すべて国民は，個人として尊重される。生命，自由及び幸福追求に対する国民の権利については，公共の

福祉に反しない限り、立法その他の国政の上で、最大の尊重を必要とする。
第14条 すべて国民は、法の下に平等であつて、人種、信条、性別、社会的身分又は門地により、政治的、経済的又は社会的関係において、差別されない。
第18条 何人も、いかなる奴隷的拘束も受けない。又、犯罪に因る処罰の場合を除いては、その意に反する苦役に服させられない。
第19条 思想及び良心の自由は、これを侵してはならない。
第20条 信教の自由は、何人に対してもこれを保障する。いかなる宗教団体も、国から特権を受け、又は政治上の権力を行使してはならない。
第25条 すべて国民は、健康で文化的な最低限度の生活を営む権利を有する。
2 国は、すべての生活部面について、社会福祉、社会保障及び公衆衛生の向上及び増進に努めなければならない。
第26条 すべて国民は、法律の定めるところにより、その能力に応じて、ひとしく教育を受ける権利を有する。
2 すべて国民は、法律の定めるところにより、その保護する子女に普通教育を受けさせる義務を負ふ。義務教育は、これを無償とする。
第27条 すべて国民は、勤労の権利を有し、義務を負ふ。
2 賃金、就業時間、休息その他の勤労条件に関する基準は、法律でこれを定める。
3 児童は、これを酷使してはならない。
第28条 勤労者の団結する権利及び団体交渉その他の団体行動をする権利は、これを保障する。

4 障害者の権利に関する条約 (抜粋, 外務省訳)
(Convention on the Rights of Persons with Disabilities, 2006)

前文
この条約の締約国は,
(a) 国際連合憲章において宣明された原則が、人類社会のすべての構成員の固有の尊厳及び価値並びに平等のかつ奪い得ない権利が世界における自由、正義及び平和の基礎を成すものであると認めていることを想起し,
(b) 国際連合が、世界人権宣言及び人権に関する国際規約において、すべての人はいかなる差別もなしに同宣言及びこれらの規約に掲げるすべての権利及び自由を享有することができることを宣明し、及び合意したことを認め,

(c) すべての人権及び基本的自由が普遍的であり，不可分のものであり，相互に依存し，かつ，相互に関連を有すること並びに障害者がすべての人権及び基本的自由を差別なしに完全に享有することを保障することが必要であることを再確認し，
(d) 経済的，社会的及び文化的権利に関する国際規約，市民的及び政治的権利に関する国際規約，あらゆる形態の人種差別の撤廃に関する国際条約，女子に対するあらゆる形態の差別の撤廃に関する条約，拷問及び他の残虐な，非人道的な又は品位を傷つける取扱い又は刑罰に関する条約，児童の権利に関する条約及びすべての移住労働者及びその家族の構成員の権利の保護に関する国際条約を想起し，
(e) 障害が，発展する概念であり，並びに障害者と障害者に対する態度及び環境による障壁との間の相互作用であって，障害者が他の者と平等に社会に完全かつ効果的に参加することを妨げるものによって生ずることを認め，
(f) 障害者に関する世界行動計画及び障害者の機会均等化に関する標準規則に定める原則及び政策上の指針が，障害者の機会均等を更に促進するための国内的，地域的及び国際的な政策，計画及び行動の促進，作成及び評価に影響を及ぼす上で重要であることを認め，
(g) 持続可能な開発の関連戦略の不可分の一部として障害に関する問題を主流に組み入れることが重要であることを強調し，
(h) また，いかなる者に対する障害を理由とする差別も，人間の固有の尊厳及び価値を侵害するものであることを認め，
(i) さらに，障害者の多様性を認め，
(j) すべての障害者（より多くの支援を必要とする障害者を含む。）の人権を促進し，及び保護することが必要であることを認め，
(k) これらの種々の文書及び約束にもかかわらず，障害者が，世界のすべての地域において，社会の平等な構成員としての参加を妨げる障壁及び人権侵害に依然として直面していることを憂慮し，
(l) あらゆる国（特に開発途上国）における障害者の生活条件を改善するための国際協力が重要であることを認め，
(m) 障害者が地域社会における全般的な福祉及び多様性に対して既に又は潜在的に貢献していることを認め，また，障害者による人権及び基本的自由の完全な享有並びに完全な参加を促進することにより，その帰属意識が高められること並びに社会の人的，社会的及び経済的開発並びに貧困の撲滅に大きな前進がもたらされることを認め，
(n) 障害者にとって，個人の自律（自ら選択する自由を含む。）及び自立が重要であることを認め，
(o) 障害者が，政策及び計画（障害者

に直接関連する政策及び計画を含む。)に係る意思決定の過程に積極的に関与する機会を有すべきであることを考慮し,

(p) 人種,皮膚の色,性,言語,宗教,政治的意見その他の意見,国民的な,種族的な,原住民としての若しくは社会的な出身,財産,出生,年齢又は他の地位に基づく複合的又は加重的な形態の差別を受けている障害者が直面する困難な状況を憂慮し,

(q) 障害のある女子が,家庭の内外で暴力,傷害若しくは虐待,放置若しくは怠慢な取扱い,不当な取扱い又は搾取を受ける一層大きな危険にしばしばさらされていることを認め,

(r) 障害のある児童が,他の児童と平等にすべての人権及び基本的自由を完全に享有すべきであることを認め,また,このため,児童の権利に関する条約の締約国が負う義務を想起し,

(s) 障害者による人権及び基本的自由の完全な享有を促進するためのあらゆる努力に性別の視点を組み込む必要があることを強調し,

(t) 障害者の大多数が貧困の状況下で生活している事実を強調し,また,この点に関し,貧困が障害者に及ぼす悪影響に対処することが真に必要であることを認め,

(u) 国際連合憲章に定める目的及び原則の十分な尊重並びに人権に関する適用可能な文書の遵守に基づく平和で安全な状況が,特に武力紛争及び外国による占領の期間中における障害者の十分な保護に不可欠であることに留意し,

(v) 障害者がすべての人権及び基本的自由を完全に享有することを可能とするに当たっては,物理的,社会的,経済的及び文化的な環境,健康及び教育並びに情報及び通信についての機会が提供されることが重要であることを認め,

(w) 個人が,他人に対し及びその属する地域社会に対して義務を負うこと並びに人権に関する国際的な文書において認められる権利の増進及び擁護のために努力する責任を有することを認識し,

(x) 家族が,社会の自然かつ基礎的な単位であること並びに社会及び国家による保護を受ける権利を有することを確信し,また,障害者及びその家族の構成員が,障害者の権利の完全かつ平等な享有に向けて家族が貢献することを可能とするために必要な保護及び支援を受けるべきであることを確信し,

(y) 障害者の権利及び尊厳を促進し,及び保護するための包括的かつ総合的な国際条約が,開発途上国及び先進国において,障害者の社会的に著しく不利な立場を是正することに重要な貢献を行うこと並びに障害者が市民的,政治的,経済的,社会的及び文化的分野に均等な機会により参加することを促進することを確信して,

次のとおり協定した。(以下条文省略)

5　児童の権利に関する条約（抜粋，外務省訳）
(Convention on the Rights of the Child, 1989)

前文

この条約の締約国は，

　国際連合憲章において宣明された原則によれば，人類社会のすべての構成員の固有の尊厳及び平等のかつ奪い得ない権利を認めることが世界における自由，正義及び平和の基礎を成すものであることを考慮し，

　国際連合加盟国の国民が，国際連合憲章において，基本的人権並びに人間の尊厳及び価値に関する信念を改めて確認し，かつ，一層大きな自由の中で社会的進歩及び生活水準の向上を促進することを決意したことに留意し，

　国際連合が，世界人権宣言及び人権に関する国際規約において，すべての人は人種，皮膚の色，性，言語，宗教，政治的意見その他の意見，国民的若しくは社会的出身，財産，出生又は他の地位等によるいかなる差別もなしに同宣言及び同規約に掲げるすべての権利及び自由を享有することができることを宣明し及び合意したことを認め，

　国際連合が，世界人権宣言において，児童は特別な保護及び援助についての権利を享有することができることを宣明したことを想起し，

　家族が，社会の基礎的な集団として，並びに家族のすべての構成員，特に，児童の成長及び福祉のための自然な環境として，社会においてその責任を十分に引き受けることができるよう必要な保護及び援助を与えられるべきであることを確信し，

　児童が，その人格の完全なかつ調和のとれた発達のため，家庭環境の下で幸福，愛情及び理解のある雰囲気の中で成長すべきであることを認め，

　児童が，社会において個人として生活するため十分な準備が整えられるべきであり，かつ，国際連合憲章において宣明された理想の精神並びに特に平和，尊厳，寛容，自由，平等及び連帯の精神に従って育てられるべきであることを考慮し，

　児童に対して特別な保護を与えることの必要性が，1924年の児童の権利に関するジュネーブ宣言及び1959年11月20日に国際連合総会で採択された児童の権利に関する宣言において述べられており，また，世界人権宣言，市民的及び政治的権利に関する国際規約（特

に第23条及び第24条),経済的,社会的及び文化的権利に関する国際規約(特に第10条)並びに児童の福祉に関係する専門機関及び国際機関の規程及び関係文書において認められていることに留意し,

児童の権利に関する宣言において示されているとおり「児童は,身体的及び精神的に未熟であるため,その出生の前後において,適当な法的保護を含む特別な保護及び世話を必要とする。」ことに留意し,

国内の又は国際的な里親委託及び養子縁組を特に考慮した児童の保護及び福祉についての社会的及び法的な原則に関する宣言,少年司法の運用のための国際連合最低基準規則(北京規則)及び緊急事態及び武力紛争における女子及び児童の保護に関する宣言の規定を想起し,

極めて困難な条件の下で生活している児童が世界のすべての国に存在すること,また,このような児童が特別の配慮を必要としていることを認め,

児童の保護及び調和のとれた発達のために各人民の伝統及び文化的価値が有する重要性を十分に考慮し,

あらゆる国特に開発途上国における児童の生活条件を改善するために国際協力が重要であることを認めて,

次のとおり協定した。(以下条文省略)

6　女子差別撤廃条約(女子に対するあらゆる形態の差別の撤廃に関する条約)(抜粋,日本政府訳)

(Convention on the Elimination of All Forms of Discrimination against Women, 1979)

この条約の締約国は,

国際連合憲章が基本的人権,人間の尊厳及び価値並びに男女の権利の平等に関する信念を改めて確認していることに留意し,

世界人権宣言が,差別は容認することができないものであるとの原則を確認していること,並びにすべての人間は生まれながらにして自由であり,かつ,尊厳及び権利について平等であること並びにすべての人は性による差別その他のいかなる差別もなしに同宣言に掲げるすべての権利及び自由を享有することができることを宣明していることに留意し,

人権に関する国際規約の締約国がすべての経済的,社会的,文化的,市民的及び政治的権利の享有について男女に平等の権利を確保する義務を負つていることに留意し,

国際連合及び専門機関の主催の下に各国が締結した男女の権利の平等を促

進するための国際条約を考慮し，

更に，国際連合及び専門機関が採択した男女の権利の平等を促進するための決議，宣言及び勧告に留意し，

しかしながら，これらの種々の文書にもかかわらず女子に対する差別が依然として広範に存在していることを憂慮し，

女子に対する差別は，権利の平等の原則及び人間の尊厳の尊重の原則に反するものであり，女子が男子と平等の条件で自国の政治的，社会的，経済的及び文化的活動に参加する上で障害となるものであり，社会及び家族の繁栄の増進を阻害するものであり，また，女子の潜在能力を自国及び人類に役立てるために完全に開発することを一層困難にするものであることを想起し，

窮乏の状況においては，女子が食糧，健康，教育，雇用のための訓練及び機会並びに他の必要とするものを享受する機会が最も少ないことを憂慮し，

衡平及び正義に基づく新たな国際経済秩序の確立が男女の平等の促進に大きく貢献することを確信し，

アパルトヘイト，あらゆる形態の人種主義，人種差別，植民地主義，新植民地主義，侵略，外国による占領及び支配並びに内政干渉の根絶が男女の権利の完全な享有に不可欠であることを強調し，

国際の平和及び安全を強化し，国際緊張を緩和し，すべての国（社会体制及び経済体制のいかんを問わない。）の間で相互に協力し，全面的かつ完全な軍備縮小を達成し，特に厳重かつ効果的な国際管理の下での核軍備の縮小を達成し，諸国間の関係における正義，平等及び互恵の原則を確認し，外国の支配の下，植民地支配の下又は外国の占領の下にある人民の自決の権利及び人民の独立の権利を実現し並びに国の主権及び領土保全を尊重することが，社会の進歩及び発展を促進し，ひいては，男女の完全な平等の達成に貢献することを確認し，

国の完全な発展，世界の福祉及び理想とする平和は，あらゆる分野において女子が男子と平等の条件で最大限に参加することを必要としていることを確信し，

家族の福祉及び社会の発展に対する従来完全には認められていなかった女子の大きな貢献，母性の社会的重要性並びに家庭及び子の養育における両親の役割に留意し，また，出産における女子の役割が差別の根拠となるべきではなく，子の養育には男女及び社会全体が共に責任を負うことが必要であることを認識し，

社会及び家庭における男子の伝統的役割を女子の役割とともに変更することが男女の完全な平等の達成に必要であることを認識し，

女子に対する差別の撤廃に関する宣言に掲げられている諸原則を実施する

こと及びこのために女子に対するあらゆる形態の差別を撤廃するための必要な措置をとることを決意して，

次のとおり協定した。
（以下条文省略）

7　社会福祉と人権に関連する文献の紹介

　社会福祉と人権というテーマは，多くの先達たちによってなされた実践や文献をもとに紡がれていることは言うまでもない。本書では，それらの文献の多くを参照させていただいたが，それらを消化し，またそれらを十分に反映させて検討しきれたとは言い難い。
　そこで，ここでは，注目すべき幾つか主要な書物をまとめて改めて整理して読者の一助とするために紹介しておきたい。

社会福祉関係の基本書（古典含む）
　タイトルやキーワードに直接「人権」という言葉がなくても，社会福祉学のなかでは，人権という視点は，常に重要なテーマとして位置づけられ続けたといえよう。
　そのようななかで社会福祉と人権に関する古典的文献として，磯村英一の一連の著作があげられる。たとえば『人権の"ふるさと"同和問題』（明石書店，1992年）では同和問題の観点から人権と福祉問題を詳細に考察したものをまとめている。また嶋田啓一郎がキリスト教人格主義の観点から人権を中心に据えた社会福祉の理論の重要性を展開した（「社会福祉における人権の思想」『社会福祉実践の思想』ミネルヴァ書房，1989年）。彼らの思想は今もなお，この領域の古典として読まれるべきものである。
　また，松本峰雄が『社会福祉と人権問題』（明石書店，2005年）等において，社会福祉の現場実践を踏まえ，その師匠であった磯村英一の思想を継承して，同和問題に正面から切り込み，「『人権赤字国』と言われている日本に対して，福祉の原点は人権尊重であることについて正しく理解してほしい」[1]と訴えている。この著作は，同和問題や人権の差別構造の排除こそ社会福祉実践の基本で

あると主張している。

　その他注目すべき文献として，福祉実践に根ざして人権を議論してきた加藤博史の著作『共生原論』（晃洋書房，2011年）は，近年の様々な哲学や思想を紹介しながら，社会福祉と人権に関して実践的課題を提起している。

　また，関家新助の『社会福祉の哲学――人権思想を中心に』（中央法規出版，2011年）は，哲学者の立場で，社会福祉の基本的な理念を解き明かしつつ，特にその根底に「人間の尊厳」あるいは「基本的人権の尊重」があると結論づけている。そしてその核心である「生存権の保障」が，西洋の哲学・倫理思想のなかでどのように形成され，今なおどのような意義をもっているかを明らかにしている点は興味深い。

　秋元美世の『社会福祉の利用者と人権――利用者像の多様化と権利保障』（有斐閣，2010年）は，法学の視点から社会福祉における人権について「利用者像の多様化と権利保障」を議論した画期的な専門書である。また近年の秋元美世・平田厚『社会福祉と権利擁護――人権のための理論と実践』（有斐閣，2015年）は，福祉と人権について分かりやすく解説しているので一般の読者にお勧めである。

人権を批判的に考察した書物

　一方で，社会福祉の領域とは無関係であるが，刺激的な議論を展開している一冊がある。それは，八木秀次の『反「人権」宣言』（ちくま書房，2001年）である。これは，表題にあるように，反「人権」を標榜し，人権を正面から批判する。その主張は，本書で書いてきた意図とは正反対であるが，少し説明をしておきたい。

　その本の特徴は，「権利よりも義務」を強調するといった従来のステレオタイプの権利批判ではない。八木は，欧米で誕生した人権そのものを歴史的に分析して，それを人格と分離された西洋型の個人主義的人権と定義して，正面から批判する。論理展開も歯切れがよく説得力があるが，日本的展開に主眼をおいた保守イデオロギーが前提となっていて，人権を世界的視座で解明しようとする今日の趨勢においては，その主張すべてを受け入れることはできない。し

かし，八木が主張する欧米の人権の歴史的起源の負の側面として，人権のルーツがフランス革命などに見られる暴力的要素，無神論的要素，非人格的要素等の議論に求められるという点は注目に値する。これは社会福祉関係者のほとんどが議論を回避してきたことは否めず，その点，この主張に耳を傾ける必要がある。八木は，そのような西洋型の人権を「歴史・伝統，その有する宗教，その属性を取り払って，まったく無機質で丸裸の『個人』に還元した上で，そのような存在としての『人間』，それが有する『権利』」[2]であると批判する。その上で，そのような西洋的人権を日本で模倣して強調することが，欧米的個人主義化された性格形成という悪弊を生み出し，「必然的にエゴイズムに陥」[3]り，教育界では，子供の我儘につながり，家族では，夫婦の離婚，家庭崩壊へとつながるものだとまで主張する。ここまで結論づけるのはかなり論理の飛躍があり，根拠に基づいた検証が必要であろう。また福祉国家スウェーデンの退廃が「人権」に由来するという主張は，その事実認識含めて受け入れがたい。

欧米の最新の議論

また，欧米の議論では，本書のなかでも少し紹介したが，社会福祉研究者として注目されているジム・アイフ（Jim Ife）は，「ヒューマン・ライツの概念は，現代の言説のなかでもっとも有力なアイデアの一つである」[4]と述べている。彼は，これまでの絶対的な価値観としての人権思想というより，人権に関して多様な価値観を受け入れるべきであるとするポストモダンの先鋭的な議論を基に議論していることが斬新である。彼のポストモダニズムと人権に関する言説は刺激的で改めてそれだけを取り上げて議論するに値するほどのものであろう。ただし今回は，本書では人権とポストモダニズム思想までは射程には入れず，より基本的なところに絞って説明した。

またその他，法学，政治学において大江洋らが紹介しているマーサ・ミノウ（Martha Minow）の「関係的権利論」についても，従来のハードな権利論を超えようとするものであり，他者を理解し，支援するというソーシャルワークにおいても大いに参照すべき論点があるように思われる。

注
(1) 松本峰雄（2005）『社会福祉と人権問題』明石書店，12.
(2) 八木秀次（2001）『反「人権」宣言』ちくま書房，198.
(3) 同前書，199.
(4) Ife, Jim（2001）*Human Rights and Social Work : Towards rights-based practice,* New York : Cambridge University Press, 1.

参考文献

＊日本語文献

秋元美世（2010）『社会福祉の利用者と人権』有斐閣．
秋元美世・平田厚（2015）『社会福祉と権利擁護』有斐閣．
阿部彩（2008）『子どもの貧困――日本の不公平を考える』岩波書店．
阿部志郎（1997）『福祉の哲学』誠信書房．
赤星進（1988-1990）『心の病気と福音（上）（下）』ヨルダン社．
秋山智久（2000）『社会福祉実践論』ミネルヴァ書房．
朝日新聞社（1997）『アエラムック　日本語学のみかた』朝日新聞出版．
磯村英一（1992）『人権の"ふるさと"同和問題』明石書店．
岩隈直（1971）『新約ギリシャ語辞典』山本書店．
上田閑照（1992）『場所――二重世界内存在』弘文堂．
上野千鶴子・大熊由紀子・大沢真理・神野直彦・副田義也編（2008）『ケアという思想――ケア　その思想と実践１』岩波書店．
大江健三郎（2000）「モラルの衰退との向き合い『伸びる素質』もつ個人として」（大江健三郎氏からA・セン教授へ）『朝日新聞』2000年10月17日付夕刊．
大江洋（2004）『関係的権利論――子どもの権利から権利の再構成へ』勁草書房．
大熊一夫（1973）『ルポ精神病棟』朝日新聞社．
大熊由紀子（1991）『「寝たきり老人」のいる国いない国』ぶどう社．
岡村重夫（1983）『社会福祉原論』全国社会福祉協議会．
加藤尚武編（1998）『環境と倫理――自然と人間の共生を求めて』有斐閣．
加藤尚武（2000）『21世紀の倫理を求めて』日本放送出版協会．
加藤博史（2011）『共生原論』晃洋書房．
金子光一（2005）『社会福祉のあゆみ――社会福祉思想の軌跡』有斐閣．
神谷美恵子（1981）『存在の重み』みすず書房．
河合隼雄（1986）『宗教と科学の接点』岩波書店．
木田献一（1991）『平和の黙示――旧約聖書の平和思想』新地書房．
木田献一（1993）「旧約聖書の人権」明治学院大学キリスト教研究所編『人権とキ

リスト教』教文館.

木畑和子・井上茂子・芝健介・矢野久・永岑三千輝 (1989)「第2次世界大戦下のドイツにおける『安楽死』問題」『1939——ドイツ第三帝国と第二次世界大戦』同文舘出版.

木原活信 (1998)『J. アダムズの社会福祉実践思想の研究——ソーシャルワークの源流』川島書店.

木原活信 (2000)「ナラティヴ・モデルとソーシャルワーク」加茂陽編『ソーシャルワーク理論を学ぶ人のために』世界思想社.

木原活信 (2000)「ジェーン・アダムズと地域福祉」『地域福祉研究』No. 28.

木原活信 (2002)「社会構成主義によるソーシャルワークの研究方法——ナラティヴ・モデルによるクライアントの現実の解釈」『ソーシャルワーク研究』27(4).

木原活信 (2003)『対人援助の福祉エートス——ソーシャルワークの原理とスピリチュアリティ』ミネルヴァ書房.

木原活信 (2003)「ソーシャルワーク実践への歴史研究の一視角——『自分のなかに歴史をよむ』ことと臨床的応用可能性をめぐって」『ソーシャルワーク研究』29(4).

木原活信 (2003)「ヘンリ・ナウエンの福祉思想——スピリチュアリティと『創造的弱さ』をめぐって」『キリスト教社会福祉学研究』35号.

木原活信 (2005)「福祉原理の根源としての『コンパッション』の思想と哲学」『社会福祉学』46-2.

木原活信 (2005)「福音と社会の結合（「連字符」）——嶋田啓一郎の神学をめぐって」『キリスト教社会福祉学研究』37号.

木原活信 (2005)「自分史と福祉実践—対抗文章としての記録（ナラティヴ・リコード）について」『ソーシャルワーク研究』31(3).

木原活信 (2007)「解放のソーシャルワーク」横田恵子編『解放のソーシャルワーク』世界思想社.

久保紘章 (1988)『自立のための援助論——セルフ・ヘルプ・グループに学ぶ』川島書店.

呉秀三・樫田五郎 (1918)『精神病者私宅監置ノ実況及ビ其統計的観察』.

小出まみ・伊志嶺美津子・金田利子編 (1994)『サラダボウルの国カナダ』ひとなる書房.

厚生労働省 (2011)『平成22年度　高齢者虐待の防止，高齢者の養護者に対する支援等　に関する法律に基づく対応状況等に関する調査結果』.

厚生労働統計協会（2013）『国民の福祉と介護の動向2013／2014』.
国際連合開発計画（United Nations Development Programme）（2000）『人間開発報告書』（*Human Development Report,* HDR）.
佐治守夫・飯長喜一郎編（1983）『ロジャーズ　クライエント中心療法』有斐閣.
定藤丈弘（1982）「ノーマリゼーション」『福祉社会事典』弘文堂.
嶋田啓一郎編（1980）『社会福祉の思想と理論』ミネルヴァ書房.
嶋田啓一郎（1989）「社会福祉における人権の思想」『社会福祉実践の思想』ミネルヴァ書房.
社会保障審議会（2000）「『社会的な援護を要する人々に対する社会福祉のあり方に関する検討会」報告書』.
社会保障審議会（2012）『社会的包摂政策を進めるための基本的考え方報告書』（第22回社会保障審議会）.
杉野昭博（2007）『障害学――理論形成と射程』東京大学出版会.
鈴木大拙（1972）『日本的霊性』岩波書店.
セン，アマルティア／大石りら訳（2002）『貧困の克服――アジア発展の鍵は何か』集英社．(Sen, Amartya Kumar (1992) Beyond the Crisis: Development Strategies in Asia, Institute of Southeast Asia Studies; Why Human Security？Keynote Speech at the International Symposium on Human Security in Tokyo).
全国社会福祉協議会（2011）『全国母子生活支援施設実態調査』.
高橋重宏・山縣文治・才村純編（2007）『子ども家庭福祉とソーシャルワーク』有斐閣.
橘木俊詔（2006）『格差社会　何が問題なのか』岩波書店.
立岩真也（2000）『弱くある自由へ』青土社.
立岩真也（2010）「『社会モデル』・序――連載57」『現代思想』38-10.
立岩真也（2010）「「社会モデル」・1――連載58」『現代思想』38-11.
立岩真也（2010）「「社会モデル」・2――連載59」『現代思想』38-12.
土居健郎（1971）『「甘え」の構造』弘文堂.
富井悠夫（1991）「愛」宇田進ほか編『新キリスト教辞典』いのちのことば社.
友清理士（2001）『アメリカ独立戦争（上）』学習研究社.
内閣府（2013）『子ども・若者白書』.
内閣府（2013）『平成25年版　高齢社会白書』.
中村雄二郎（1989）『場所（トポス）』弘文堂.

中村雄二郎（1992）『臨床の知』岩波書店.
日本青少年研究所（2012）『高校生の生活意識と留学に関する調査——日本・アメリカ・中国・韓国の比較』24.
日本聖書協会（1988）『聖書』新共同訳.
日本老年医学会（2012）『「高齢者の終末期の医療およびケア」に関する日本老年医学会の「立場表明」（2012）』（2012年1月28日理事会承認）.
花村春樹（1994）『「ノーマリゼーションの父」N. E. バンク-ミケルセン その生涯と思想』ミネルヴァ書房.
平木典子（1993）『アサーショントレーニング——さわやかな「自己表現」のために』精神技術研究所.
平木典子（2007）『自分の気持ちをきちんと伝える技術』PHP研究所.
松本峰雄（2005）『社会福祉と人権問題』明石書店.
道中隆（2007）「保護受給層の貧困の様相——保護受給世帯における貧困の固定化と世代的連鎖」『生活経済政策——（特集）都市の下層社会』No. 127.
道中隆（2010）「生活保護受給層の貧困の固定化と世代間継承」『社会医学研究——貧困と社会医学』日本社会医学会特別号.
宮田光雄（1979）『現代をいかに生きるか』日本基督教団出版局.
村田久行（1994）『ケアの思想と対人援助——終末期医療と福祉の現場から』川島書店.
明治学院大学キリスト教研究所編（1993）『人権とキリスト教』教文館.
森田正馬（1928）『神經質ノ本態及療法』吐鳳堂書店.
八木秀次（2001）『反「人権」宣言』ちくま書店.
山森亮（1998）「必要と経済学——福祉のミクロ理論のために(1)(2)」『季刊家計経済研究』38号・39号.
山森亮（1999）『アマルティア・セン／規範理論／政治経済学』京都大学博士学位論文.
山森亮（2000）「貧困・社会政策・絶対性」川本隆史・高橋久一郎編『応用倫理学の転換——二正面作戦のためのガイドライン』ナカニシヤ出版.
山森亮（2000）「福祉理論——アマルティア・センの必要概念を中心に」有賀誠・伊藤恭彦・松井暁編『ポスト・リベラリズム——社会的規範理論への招待』ナカニシヤ出版.
山森亮（2009）『ベーシック・インカム入門』光文社.
湯浅誠（2008）『反貧困「すべり台社会」からの脱出』岩波書店.

吉田久一（1989）『日本社会福祉思想史』川島書店．
米沢慧（2009）「還りのいのち還りの医療　自然死への道を求めて」『選択』12月号．
吉田久一（1994）『日本の社会福祉思想』勁草書房．
吉田久一・岡田英己子（2000）『社会福祉思想史入門』勁草書房．
鷲田清一（1999）『「聴く」ことの力――臨床哲学試論』TBSブリタニカ．
和田町子（1994）『マザー　テレサ』清水書院．
「老老介護の限界…絶望，96歳夫は91歳妻の首を絞めた」『産経新聞』（2013年3月20日）．

＊欧文文献（日本語で翻訳のある場合は表記）

Abramson, M. (1989) "Autonomy vs. Paternalistic Beneficence: Practice Strategies," *Social Casework*, 70.
Addams, J. (1893) "The Objective Value of a Social Settlement," In Henry Adams (Ed.) *Philanthropy and Social Progress,* New York: Thomas Y. Crowell.
Addams, J. (1893) "The Subjective Necessity for Social Settlements," In Henry Adams (Ed.) *Philanthropy and Social Progress,* New York: Thomas Y. Crowell.
Addams, J. (1910) *Twenty Years at Hull-House,* New York: Macmillan.
Arendt, Hannah (1958) *The Human Condition.* (=1994, 志水速雄訳『人間の条件』筑摩書房．）．
Biestek, Felix Paul (1957) *The Casework Relationship,* Chicago, Loyola University Press. (=1996, 尾崎新・福田俊子・原田和幸訳『ケースワークの原則――援助関係を形成する技法』新訳版，誠信書房．）
Buber, Martin (1923) *Ich und Du*: Zwiesprache, Insel. (=1978, 田口義弘訳『我と汝――対話』みすず書房．）
Canda, E. & Furman, L. D. (1999) *Spiritual Diversity in Social Work Practice,* New York: Free Press.
Carr, Edward Hallett, (1961) *What is History ?* (=1962, 清水幾太郎訳『歴史とは何か』岩波書店．）
Foucault, M. (1980) *Power/Knowledge,* New York, Pantheon.
Frankl, Viktor Emil (1947) *Trotzdem Ja zum Leben* Sagen, München, dtv. (=1993, 山田邦男・松田美佳訳『それでも人生にイエスと言う』．）
Gutierrez, Gustavo (1971) *Theologia De La Liberation* Ediciones Sigueme. (=

2000，関望・山田経三訳『解放の神学』岩波書店.）

Hartman, Ann（1991）"Words Create Worlds," *Social Work*, vol. 36, No. 4.

Heidegger, Martin（1927）*Sein und Zeit*, Max Niemeyer Verlag Gmbh & Co.（＝1993，原祐・渡辺二郎訳『存在と時間』中央公論社.）

Ife, Jim（2001）*Human Rights and Social Work : Towards rights-based practice*, New York, Cambridge University Press.

Laing, Ronald David（1959）*The Divided Self*, Harmondsworth, Penguin.（＝1971，阪本健二ほか訳『ひき裂かれた自己——分裂病と分裂病質の実存的研究』みすず書房.）

Laing, Ronald David（1961）*Self and Others*, Routledge.（＝1975，志貴春彦・笠原嘉訳『自己と他者』みすず書房）.

Key, Ellen Karolina Sofia（1909）The century of the Child（＝1916，原田実訳『兒童の世紀』大同館書店（＝1995，久山社にて復刻））.

Lewis, C. S.（1960）*The Four Loves*, Harper Collins Publishers.

Loewenberg, F. M., & Dolgoff, R.（1982 ; 1996）*Ethical Decisions for Social Work Practice*, IL : F. E., Peacock Publishers.

Maslow, Abraham H.（1971）*The Farther Reaches of Human Nature*, Viking Press.（＝1973，上田吉一訳『人間性の最高価値』誠信書房.）

McGrath, Alister（2001）*Christian Theology*, Oxford : Blackwell Publishing.

Nirje, Bengt（1992）*The Normalization Principle Papers*. Center for Handicap Research, Uppsala, Uppsala University.（＝1998，河東田博・橋本由紀子・杉田穏子訳編『ノーマライゼーションの原理』現代書館.）

OECD（2014）*Making Mental Health Count*.

Oliver, Michael（1996）*Understanding Disability : From Theory to Practice*, London : Macmillan.

Perlman, H.（1965）"Self-determination : Reality or Illusion ?" *Social Service Review*, 39.

Rank, O.（1936）*Truth and Reality*, New York : W. W. Norton & Company.

Reamer, F.（1993）*Philosophical Foundations of Social Work*, New York : Columbia University Press.

Reamer, F.（1995）*Social Work Values & Ethics*, New York : Columbia University Press.

Reynolds, B. C.（1964）"The Social Casework of an Uncharted Journey," *Social

Work, 15(4).

Rhodes, M. (1986) *Ethical Dilemmas in Social Practice*, Family Service America.

Rothman, J. (1989) "Client Self-determination: Untangling the Knot," *Social Service Review*, 63.

Sen, Amartya Kumar (1982) *Rational Fools ; Choice, Welfare and Measurement*, MIT Press. (=1989, 大庭健・川本隆史訳『合理的な愚か者』勁草書房.)

Sen, Amartya Kumar (1985) *Commodities and Capabilities*, Elsevier Science (=1985, 鈴村興太郎訳『福祉の経済学』岩波書店.)

Sen, Amartya Kumar (1992) *Inequality Reexamined*. (=1999, 池本幸生・野上裕生・佐藤仁訳『不平等の再検討――潜在能力と自由』岩波書店.)

Tillich, P. (1962) "The Philosophy of Social Work," *Social Service Review*, 36.

Tooley, Michael (1972) "Abortion and Infanticide," Philosophy & Public Affairs, Vol. 2, No. 1.

Tooley, Michael (1983) *Abortion and Infanticide*, London: Oxford University Press.

Towle, Charotte (1945 ; 1952) *Common Human Needs*, New York: American Association of Social Workers.

Tournier, P. (1975) *The naming of Persons*, Harper & Row. (=1977, 小西真人・今枝美奈子訳『なまえといのち――人格の誕生』日本YMCA出版.)

Towle, Charlotte (1957) *Common Human Needs*, Allen and Unwin. (=1990, 小松源助訳『コモン・ヒューマン・ニーズ――社会福祉援助の基礎』中央法規出版.)

Turner, F. J. (1996) *Social Work Treatment* (4th Edition), New York: Free Press.

Wolfensberger, W. (1972) *The principle of Normalization in human services*. Toronto, National Institute on Mental Retardation. (=1999, 中園康夫・清水貞夫訳『ノーマリゼーション』学苑社.)

Wolfensberger, W. (1994) *A brief introduction to Social Role Valorization*. Syracuse, NY: Training Institute for Human Service Planning, Leadership and Change Agentry, Syracuse University. (=1995, 冨安芳和訳『ソーシャルロールバロリゼーション入門』学苑社.)

参考文献

＊参照したサイト

「高齢者に人気の寺院」『朝日新聞』デジタル版（http://www.asahi.com/airtravel/TKY201012010201.html?ref=chiezou）（2013年8月1日閲覧）.

アムネスティ公式HP（http://www.amnesty.or.jp/human-rights/topic/women/）（2013年9月9日閲覧）.

外務省公式HP「児童の権利条約全文」（http://www.mofa.go.jp/mofaj/gaiko/jido/zenbun.html）（2013年10月26日閲覧）.

「北九州餓死事件に関する声明」（http://www.k5.dion.ne.jp/~hinky/070726seimei.html）（2013年8月1日閲覧）.

厚生労働省「社会・援護局関係主管課長会議資料(9)　自立推進・指導監査室参考資料3」（http://www.mhlw.go.jp/bunya/seikatsuhogo/kaigi/110307-1/dl/03_09.pdf）（2013年10月26日閲覧）.

厚生労働省公式HP「生活保護制度」（http://www.mhlw.go.jp/seisakunitsuite/bunya/hukushi_kaigo/seikatsuhogo/seikatuhogo/）（2014年4月1日閲覧）.

厚生労働省公式HP「児童虐待防止対策」（http://www.mhlw.go.jp/seisakunitsuite/bunya/kodomo/kodomo_kosodate/dv/dl/about-01.pdf）（2013年10月26日閲覧）.

厚生労働省公式HP「国際生活機能分類——国際障害分類改訂版」（http://www.mhlw.go.jp/houdou/2002/08/h0805-1.html）（2013年10月26日閲覧）.

厚生労働省（2011）「平成22年度　高齢者虐待の防止，高齢者の養護者に対する支援等に関する法律に基づく対応状況等に関する調査結果」（http://www.mhlw.go.jp/stf/houdou/2r9852000001wdhq-att/2r9852000001wdmb.pdf）（2013年10月26日閲覧）.

厚生労働省（2013）『自殺対策白書』（http://www.mhlw.go.jp/toukei/saikin/hw/jinkou/tokusyu/suicide04/3.html）（2014年4月1日閲覧）.

神戸大学公式HP（http://www.kobe-u.ac.jp/campuslife/edu/human-rights/index.html）（2013年10月25日閲覧）.

社保審介護給付費分科会「特別養護老人ホームにおける待機者の実態に関する調査研究事業——待機者のニーズと入所決定のあり方等に関する研究」（http://www.mhlw.go.jp/stf/shingi/2r9852000002axxr-att/2r9852000002ay1l.pdf）（2013年10月26日閲覧）.

聖学院大学公式HP（http://www.seig.ac.jp/edu/inori.htm）（2013年8月1日閲覧）.

政府広報オンライン（発達障害に関して）（http://www.gov-online.go.jp/featured/

201104/）（2013年10月26日閲覧）.
龍安寺の公式 HP（http://www.ryoanji.jp/top.html）（2013年9月1日閲覧）.
DINF（障害保健福祉研究情報システム）HP（http://www.dinf.ne.jp/doc/japanese/law/promotion/m7/siryou04.html）（2014年4月1日閲覧）.
OECD 公式 HP（http://www.oecd.org/health/healthsystems/newoecdserieson healthcarequalityreviews.htm）（2014年4月1日閲覧）.

あとがき──萌えあがる緑のボタ山を思いながら

　本書は、ミネルヴァ書房の「シリーズ・福祉を知る」の企画として書き下ろしたものである。この企画を頼まれたとき、それが社会福祉士の国家資格関係のテキストであるなら、お断りしようと思っていた。なぜならあまりに近年その類の書物が多く、その枠でしか社会福祉を考えられないような風潮になってきている昨今の状況に危機感を抱いていたからである。

　しかし、今回の企画はそれとは異なり、初学者でも「福祉を知る」ことができるようなユニークなものにしたいという趣旨に共鳴し、快諾させていただいた。

　書き下ろしたとはいえ、同志社大学に赴任して以来ずっと担当してきた「福祉と人権」という講義を基にしながら、それを原稿にしたというのが正確なところである。またトロント大学で在外研究していたときにまとめた『対人援助の福祉エートス』(ミネルヴァ書房、2003年)と内容が一部重なる部分があるが、こちらは読者にとって難解で理解できないという声も聞かれたので、今回わかりやすく修正したつもりである。故井上ひさし氏が言われた「むずかしいことをやさしく、やさしいことをふかく、ふかいことをおもしろく……」という言葉を肝に銘じながら、努力したつもりであるが、いかがであったであろうか。

　ところで、執筆していたときに、なぜかふと故郷の福岡県の筑豊の風景が目に浮かんできた。遠賀川沿いに咲いている菜の花の黄色と薄い緑、そして炭鉱の名残りのボタ山のあの懐かしい風景である。京都の嵐山や鴨川のような雅な風情とはまた違うが、それが私にとっての原風景である。

　この前久しぶりに帰省したときに子ども時代よく遊んだ私の記憶の中では黒っぽい炭鉱のボタ山が深い緑に覆われている光景に目がとまった。遠賀川沿い

から見える，萌えあがるボタ山の緑になにか不思議な生命の息吹のようなものを感じた。

　本書でも少し触れたが，筑豊の象徴のようなボタ山は，かつての炭鉱の町，筑豊地域の悲哀の歴史も包み込んでいる。しかし，今，そのボタ山はかつての姿が想像できないほどの緑で覆われている。それは闇の中に「光あれ」と言うあの深遠な響きのように，新しい生命の息吹が覆っており，そこに復活の躍動感を感じることができた。福祉の希望の象徴そのもののように感じられた。

　そんな緑に覆われた萌えあがるボタ山の原風景を大切に胸に沈めながら，ここ古都の都，京都から今日も静かに思索に耽りながら日本の福祉と人権を考えている。

2014年5月23日

　　　　　　　　　　　　　　　　　　　　　　　　　　　　木原活信

さくいん

あ 行

アイフ，ジム（Ife, J.） 3, 180
秋山智久 129
アクセシビリティ 51
アサーション 17
アサーティヴ・コミュニケーション 17
朝日茂 68
朝日訴訟 68
アダムズ，ジェーン（Addams, J.） 73, 115, 137
アドボカシー 129
アムネスティ 114
アメリカ独立宣言 35
アルコール依存 136
アレント，ハンナ（Arendt, H.） 10
イエス 129
医学モデル 84
イギリスの権利章典 35
石井亮一 90
石原慎太郎 127
磯村英一 178
市川房江 115
居場所 136
イマゴー・デイ → 神の似姿
ウィーン宣言及び行動計画 41, 42, 164
宇都宮健児 67
宇都宮病院事件 92
姥捨て山 106, 108, 109
エイジズム 97
エリクソン，エリク（Erikson, E. H.） 132
エンパワーメント 123
大熊一夫 91
大熊由紀子 108
オリバー，マイケル（Oliver, M.） 83

か 行

介護保険制度 101, 102
介護保険法 164
介護老人福祉施設 103
改正DV法 117
改正精神保健衛生法 164
解放 8, 9, 122
学習障害 93
加藤博史 179
神の似姿（イマゴー・デイ） 28, 30, 34
河合隼雄 141
傷つきやすく抑圧されている人びと 58, 158
北九州餓死事件 67, 72, 164
木田献一 37
気分障害 91
基本的人権 43
キング牧師（King, Martin Luther, Jr.） 39
グティエレス，グスタボ（Gutierrez, G.） 157
クライエント中心療法 130
呉秀三 91, 92
ケイ，エレン（Key, E. K. S.） 73, 74, 78
健康で文化的な最低限度の生活 68, 125
　――を営む権利 68
幸福追求の権利 139
公民権運動 39
合理的配慮 84
高齢化率 99
高齢者虐待 107
高齢者虐待防止法 164
高齢者のための国連原則 102, 164
国際障害者差別撤廃条約 159
国際人権規約 12, 33, 40, 42, 74, 75, 78, 159, 164
国際生活機能分類（ICF） 84, 85

193

国際ソーシャルワーカー連盟（IFSW） 3, 7, 122, 157
国家責任の原理 65
孤独死 105
子どもの最善の利益 74, 75, 80

さ　行

最低生活保障の原理 65
相模原障害者殺傷事件 88
里親制度 79
サラダボウルの国 140
自己決定 150
自己受容 130
施設コンフリクト 91
児童虐待 i, 76, 77
児童虐待防止法 77
児童自立支援施設 133
児童相談所 78, 80
児童の権利に関する条約 74, 75, 78, 159, 164
児童の権利に関する宣言 75
児童の世紀 73, 74, 78
児童福祉法 75, 133, 164
児童養護施設 79
自閉症 93
嶋田啓一郎 178
市民革命 34, 43
社会権 4, 36, 43, 159
社会正義（social justice） 3, 5, 7, 122, 145
社会的入院 108
社会的排除 55
社会的包摂 47, 53, 54
社会福祉基礎構造改革 26, 101
社会福祉士 8
社会福祉法 26, 29, 164
社会福祉法人 101
社会福祉六法 101
社会防衛思想 91
社会モデル 82-84
自由権 4, 43, 44, 124, 159
受容 130
障害者差別解消法 83
障害者自立支援法 87, 164
障害者総合支援法 87

障害者の権利に関する条約 12, 83, 164
障害者福祉法 75
生老病死 98
女子に対するあらゆる形態の差別の撤廃に関する条約（女子差別撤廃条約） 12, 113, 159, 164
新救貧法 49
身体障害 i
身体障害者手帳 87
身体障害者福祉法 86-88, 164
身体的虐待 77
心理的虐待 77
スーパーヴィジョン 133
杉野昭博 83
ストレングス 123
生活困窮者自立支援法 66
生活保護 i, 6, 65, 66, 125
生活保護法 164
精神障害者 88, 126
精神薄弱者福祉法 86
精神病院法 91
精神病者監護法 87
精神保健及び精神障害者福祉に関する法律（精神保健福祉法） 87, 91, 164
精神保健福祉士 8
精神保健福祉士法 164
生存権 44, 124, 125, 130
性的虐待 77
世界人権宣言 12, 26, 33, 38, 41, 42, 74, 83, 159, 164, 165
世界保健機関 84
関家新助 179
セクシャル・ハラスメント 112
セクシャル・マイノリティ（LGBT） 120
絶対的貧困 60, 61
セツルメント 73, 137
セン，アマルティア（Sen, A.） 141
選別主義 58
躁鬱病 91
創世記 28
相対的貧困 60
ソーシャル・インクルージョン（社会的包摂） 47, 53, 54

さくいん

ソーシャル・ロール・バロリゼーション　49
ソーシャルワーカー　8, 73, 78, 122, 123, 128, 133, 152-155
ソーシャルワーク　122, 128, 130, 134, 143, 157
措置から契約へ　101
措置制度　101
尊厳　25, 26, 29, 30

た　行
橘木俊詔　63
立岩真也　83
知的障害　90
　　──者　49, 88
知的障害者福祉　6
知的障害者福祉法　86, 164
知能指数（IQ）　90
中途障害者　128
ティリッヒ，パウロ（Tillich, P.）　128, 136
天賦　4, 27
　　──の権利　30, 34, 35
土居健郎　123
統合失調症　91
トゥルニエ，ポール（Tournier, P.）　140
特別養護老人ホーム　102
トポス　134, 137

な　行
中園康夫　48
ナチス　89
『楢山節考』　107
ニーバー，ラインホルド（Niebuhr, R.）　133
ニィリエ，ベンクト（Nirje, B.）　48, 50
日本国憲法　4, 26, 29, 33, 42, 58, 113
　　──第12条　145
　　──第13条　139
　　──第25条　44, 65, 68, 116, 125, 129, 130, 137
人間（個人）の尊厳　26
認知症　i, 126
認知症高齢者　101
ネグレクト　77, 84

ノーマリゼーション　47-51, 79

は　行
パーソン論　127
ハートマン，アン（Hartman, A.）　111, 112
パールマン，ヘレン（Perlman, H.）　151
バイステック，フェリックス（Biestek, F. P.）　130, 151
パウロ　129
パターナリズム　148
発達障害　94
発達障害者自立支援法　164
花村春樹　48
バリアフリー　47, 51
ハル・ハウス　73, 137
バンク‐ミケルセン，ニルス（Bank-Mikkelsen, N. E.）　48
ヒットラー，アドルフ（Hitler, A.）　88
必要と欲求　146, 148, 154
ヒューマン・ライツ（human rights）　1, 3, 158
平等権　4, 43, 124, 159
平木典子　17
平塚雷鳥　115
貧困の連鎖　64, 74
ブース，チャールズ（Booth, C.）　62
福祉事務所　68
不正受給　70
普遍主義　58
フランス人権宣言　35
プログラム規定説　69
フロム，エーリッヒ（Fromm, E.）　129
ベヴァリッジ，ウィリアム（Beveridge, W. H.）　7
ベーシック・インカム　71
母子及び父子並びに寡婦福祉法　114, 116, 164
母子生活支援施設　116, 117
母子福祉法　116
補足性の原理　65
ぽっくり寺　98

ま 行

マイノリティ 9, 53, 58, 88, 111, 144
マグナ＝カルタ 34
マザー・テレサ（Mother Teresa） 129, 135, 136
マジョリティ 111
松本峰雄 178
ミノウ，マーサ（Minow, M.） 180
ミル，ジョン・スチュアート（Mill, J. S.） 150
無差別平等の原理 65
森田療法 133

や 行

八木秀次 145, 179
矢島楫子 115
山高しげり 115
山森亮 71, 141, 146
湯浅誠 67
ユスフザイ，マララ（Yousafzai, M.） 112
ユダヤ・キリスト教 29, 30, 34
ユニバーサルデザイン 47, 51, 52
要介護 102
要支援 102
ヨーク調査 62
抑圧 8, 9

ら・わ 行

ラウントリー，シーボーム（Rowntree, S.） 62
療育手帳 90
ルソー，ジャン＝ジャック（Rousseau, J. J.） 35
レイン，R. D.（Laing, R. D.） 135
劣等処遇の原則 49
老人福祉 6
老人福祉法 101, 164
老老介護 106
ロジャーズ，カール（Rogers, C.） 130
ロック，ジョン（Locke, J.） 35
『ロンドン市民の生活と労働』（*Life and Labour of the People in London*） 62
ワーキングプア 71
ワイマール憲法 37, 38, 44

欧 文

DSM 90
DV 112, 117
DV法 164
ICF →国際生活機能分類
ICIDH 84
IFSW →国際ソーシャルワーカー連盟
LGBT →セクシャル・マイノリティ

〈著者紹介〉
木原活信（きはらかつのぶ）
同志社大学社会学部教授。博士（社会福祉学）。
福岡県出身。同志社大学大学院文学研究科博士課程修了。NTT東海カウンセラー，広島女子大学助教授，東京都立大学助教授，トロント大学客員研究員を経て現職。社会福祉法人京都基督教福祉会評議員。社会福祉法人イエス団評議員。学校法人同志社理事・評議員歴任。日本キリスト教社会福祉学会会長。日本社会福祉学会会長。日本学術会議連携会員。
専門領域は，福祉思想史・福祉哲学，ソーシャルワーク論。実践フィールドとして死生臨床（自殺予防），精神保健福祉領域。
主　著　『J・アダムズの社会福祉実践思想の研究』川島書店，1998年（福武直賞受賞）。
　　　　『対人援助の福祉エートス』ミネルヴァ書房，2003年。
　　　　『弱さの向うにあるもの』いのちのことば社，2015年。
　　　　『自殺をケアするということ』ミネルヴァ書房，2015年。
翻訳書　カンダ他著『ソーシャルワークにおけるスピリチュアリティとは何か』ミネルヴァ書房，2014年。
ホームページ　https://velvet-kihara.ssl-lolipop.jp/
ブログ　http://joe0918.blogspot.jp/
メールアドレス　kihara0918@gmail.com

シリーズ・福祉を知る①
社会福祉と人権

| 2014年9月30日 | 初版第1刷発行 | （検印省略） |
| 2021年10月20日 | 初版第4刷発行 | |

定価はカバーに表示しています

著　者　木　原　活　信
発行者　杉　田　啓　三
印刷者　江　戸　孝　典
発行所　株式会社　ミネルヴァ書房
607-8494　京都市山科区日ノ岡堤谷町1
電話代表　(075)581-5191
振替口座　01020-0-8076

© 木原活信，2014　　　共同印刷工業・藤沢製本
ISBN978-4-623-07108-1
Printed in Japan

嶋田啓一郎監修／秋山智久・高田真治編著
社会福祉の思想と人間観
　　　　　　　　　　　　　　　Ａ５判256頁本体3500円

室田保夫編著
人物でよむ西洋社会福祉のあゆみ
　　　　　　　　　　　　　　　Ａ５判276頁本体3000円

菊池正治他編
日本社会福祉の歴史　付・史料［改訂版］
　　　　　　　　　　　　　　　Ａ５判362頁本体3500円

木原活信・引土絵未編
自殺をケアするということ
　　　　　　　　　　　　　　　Ａ５判216頁本体2500円

─────────── ミネルヴァ書房 ───────────
https://www.minervashobo.co.jp/